# Pâtisseries Parfaites

## Maîtrisez l'Art des Gâteaux Maison

Marie Leclerc

## *Indice*

Gâteau mousse aux fraises ..................................................................... 12

la veille de Noël ........................................................................................ 14

gâteau de Paques ..................................................................................... 16

Gâteau de Pâques Simnel ........................................................................ 17

Gâteau de la douzième nuit .................................................................... 19

Gâteau aux pommes au micro-ondes ..................................................... 20

Gâteau aux pommes au micro-ondes ..................................................... 21

Gâteau aux pommes et aux noix au micro-ondes ................................. 22

Gâteau aux carottes au micro-ondes ...................................................... 23

Gâteau aux carottes, ananas et noix au micro-ondes ........................... 24

Gâteaux au son assaisonnés au four à micro-ondes ............................. 26

Gâteau aux bananes et aux fruits de la passion au micro-ondes ......... 27

Cheesecake à l'orange cuit au micro-ondes .......................................... 28

Gâteau au fromage à l'ananas allant au micro-ondes .......................... 29

Pain aux cerises et aux noix au micro-ondes ........................................ 30

Gâteau au chocolat au micro-ondes ...................................................... 31

Gâteau au chocolat et aux amandes au micro-ondes .......................... 32

Brownies double chocolat au micro-ondes ........................................... 34

Barres de chocolat aux dattes au micro-ondes ..................................... 35

Carrés de chocolat au micro-ondes ........................................................ 36

Gâteau au café rapide au micro-ondes .................................................. 38

Gâteau de Noël au micro-ondes ............................................................. 39

Gâteau aux miettes au micro-ondes ...................................................... 41

Lignes de date micro-ondes .................................................................... 42

Pain aux figues au micro-ondes .............................................................. 43

Flapjacks micro-ondes................................................................................ 44

Gâteau aux fruits au micro-ondes............................................................. 45

Carrés aux fruits et à la noix de coco allant au micro-ondes ................... 46

Gâteau au fudge au micro-ondes.............................................................. 47

Pain d'épice au micro-onde ....................................................................... 48

Barres de gingembre au micro-ondes....................................................... 49

Gâteau doré au micro-ondes .................................................................... 50

Gâteau au miel et aux noisettes au micro-ondes ..................................... 51

Barres de muesli moelleuses au micro-ondes .......................................... 52

Gâteau aux noix au four à micro-ondes.................................................... 53

Gâteau au jus d'orange au micro-ondes ................................................... 54

Pavlova au micro-ondes............................................................................ 55

Pâtisseries au four à micro-ondes............................................................. 56

Shortcakes aux fraises au micro-ondes..................................................... 57

Biscuit au four à micro-ondes ................................................................... 58

Assiettes micro-ondes Sultana.................................................................. 59

Biscuits aux pépites de chocolat au micro-ondes..................................... 60

Biscuits à la noix de coco au micro-ondes ................................................ 61

Florentins au micro-ondes ........................................................................ 62

Biscuits aux noisettes et cerises au micro-ondes...................................... 63

Biscuits Sultana au micro-ondes ............................................................... 64

Pain aux bananes au micro-ondes ............................................................ 65

Pain au fromage au micro-ondes .............................................................. 66

Pain aux noix au micro-ondes ................................................................... 67

Gâteau Amaretti sans cuisson................................................................... 68

Barres de riz croustillantes américaines ................................................... 69

| | |
|---|---|
| Carrés aux abricots | 70 |
| Gâteau suisse aux abricots | 71 |
| Biscuits écrasés | 72 |
| Babeurre sans cuisson | 73 |
| Tranche de châtaigne | 74 |
| Biscuit aux châtaignes | 75 |
| Barres au chocolat et aux amandes | 77 |
| Gâteau fondant au chocolat | 78 |
| Carrés de chocolat | 79 |
| Gâteau de refroidissement au chocolat | 80 |
| Gâteau au chocolat et aux fruits | 81 |
| Carrés chocolat et gingembre | 82 |
| Carrés de luxe au chocolat et au gingembre | 83 |
| Biscuits aux pépites de chocolat au miel | 84 |
| Mille-feuilles au chocolat | 85 |
| Belles barres de chocolat | 86 |
| Carrés chocolat praliné | 87 |
| Chips à la noix de coco | 88 |
| Barres croquantes | 89 |
| Chips à la noix de coco et aux raisins secs | 90 |
| Carrés au café et au lait | 91 |
| Gâteau aux fruits sans cuisson | 92 |
| Carrés aux fruits | 93 |
| Fruits et fibres | 94 |
| Gâteau étagé au nougat | 95 |
| Carrés de lait et noix de muscade | 96 |
| Croquant au muesli | 98 |

| | |
|---|---|
| Carrés de mousse à l'orange | 99 |
| Carrés aux cacahuètes | 100 |
| Gâteaux au caramel à la menthe poivrée | 101 |
| Biscuits au riz | 102 |
| Toffet riz et chocolat | 103 |
| Pate d'amande | 104 |
| Pâte d'amande sans sucre | 105 |
| Glaçage royal | 106 |
| Glaçage sans sucre | 107 |
| Glaçage fondant | 108 |
| Glaçage au beurre | 109 |
| Glaçage à la crème au beurre au chocolat | 110 |
| Glaçage au beurre de chocolat blanc | 111 |
| Glaçage au beurre de café | 112 |
| Glaçage au beurre citronné | 113 |
| Glaçage au beurre d'orange | 114 |
| Crème glaçage au fromage | 115 |
| Glaçage orange | 116 |
| Glaçage à la liqueur d'orange | 117 |
| Biscuits à l'avoine et aux raisins secs | 118 |
| Biscuits épicés à l'avoine | 119 |
| Biscuits à l'avoine à grains entiers | 120 |
| Biscuits à l'orange | 121 |
| Biscuits à l'orange et au citron | 122 |
| Biscuits à l'orange et aux noix | 123 |
| Brownies à l'orange et au chocolat | 124 |
| Biscuits épicés à l'orange | 125 |

| | |
|---|---|
| cookies au beurre de cacahuète | 126 |
| Rouleaux de chocolat au beurre d'arachide | 127 |
| Biscuits à l'avoine et au beurre d'arachide | 128 |
| Biscuits au beurre de cacahuète et au miel et à la noix de coco | 129 |
| Biscuits aux noix | 130 |
| Biscuits moulinet | 131 |
| Biscuits rapides au babeurre | 132 |
| Biscuits aux raisins secs | 133 |
| Biscuits moelleux aux raisins secs | 134 |
| Tranches de raisins secs et sirop de mélasse | 135 |
| Biscuits au ratafia | 136 |
| Biscuits au riz et au muesli | 137 |
| Crèmes roms | 138 |
| Sablés | 139 |
| Biscuits à la crème sure | 140 |
| Biscuits à la cassonade | 141 |
| Biscuits au sucre et à la noix de muscade | 142 |
| sables | 143 |
| gâteau de Noël | 144 |
| Gâteau au miel | 145 |
| Gâteau au citron | 146 |
| Pâte brisée à base de viande hachée | 147 |
| Pâte brisée aux noix | 148 |
| Pain aux oranges | 149 |
| Sablés de l'homme riche | 150 |
| Gâteau d'avoine à grains entiers | 152 |
| Tourbillons aux amandes | 153 |

- Gâteau meringué au chocolat .................................................. 154
- Cookies .......................................................................... 155
- Pain d'épice glacé ............................................................. 156
- Biscuits Shrewsbury .......................................................... 157
- Biscuits épicés espagnols ................................................... 158
- Biscuits aux épices à l'ancienne ........................................... 159
- Buicuits à la mélasse ......................................................... 160
- Biscuits à la mélasse, abricots et noix .................................. 161
- Biscuits à la mélasse et au babeurre .................................... 162
- Biscuits à la mélasse et au café ........................................... 163
- Biscuits à base de mélasse et de dattes ................................ 164
- Biscuits à la mélasse et au gingembre .................................. 165
- Biscuits à la vanille ........................................................... 166
- Biscuits aux noix .............................................................. 167
- Sablés ............................................................................ 168
- Biscuits au cheddar ........................................................... 169
- Biscuits au fromage bleu .................................................... 170
- Biscuits au fromage et au sésame ........................................ 171
- Pailles au fromage ............................................................ 172
- Biscuits au fromage et tomates ............................................ 173
- Bouchées au fromage de chèvre ........................................... 174
- Roulés au jambon et à la moutarde ...................................... 175
- Biscuits au jambon et paprika ............................................. 176
- Biscuits aux herbes simples ................................................ 177
- Biscuits indiens ................................................................ 178
- Pâte brisée aux noisettes et échalotes .................................. 179
- Biscuits au saumon et à l'aneth ........................................... 180

Biscuits au soda ........................................................................ 181

Roses aux tomates et au parmesan ........................................... 182

Biscuits à la tomate et aux herbes ............................................. 183

Pain blanc de base .................................................................... 184

Bagels ....................................................................................... 185

Baps .......................................................................................... 186

Pain d'orge crémeux ................................................................. 187

Pain à la bière ........................................................................... 188

Pain brun de Boston ................................................................. 189

Pots de fleurs de son ................................................................. 190

Rouleaux de beurre ................................................................... 191

Pain au babeurre ....................................................................... 192

Pain de Maïs Canadien ............................................................. 193

Petits pains de Cornouailles ..................................................... 194

Pain de campagne ..................................................................... 195

Tresse coquelicot country ......................................................... 196

Pain de campagne complet ....................................................... 197

Tresses au curry ........................................................................ 198

Divisions du Devon .................................................................. 200

Pain aux fruits germe de blé ..................................................... 201

Tresses au lait de fruits ............................................................. 202

Pain de fil ................................................................................. 203

Rouleaux de grenier ................................................................. 204

Pain de mie aux noisettes ......................................................... 205

Gressins .................................................................................... 206

Tresse de récolte ....................................................................... 207

Pain au lait ............................................................................... 209

Pain aux fruits au lait ............................................................................... 210

Pain du matin ............................................................................................ 211

Pain aux muffins ....................................................................................... 212

Pain sans lever .......................................................................................... 213

pâte à pizza ............................................................................................... 214

Gruau ......................................................................................................... 215

Farine d'avoine ......................................................................................... 216

Pain pita .................................................................................................... 217

Pain brun rapide ....................................................................................... 218

Pain de riz moelleux ................................................................................. 219

Pain de riz et amandes ............................................................................ 220

# *Gâteau mousse aux fraises*

Pour un gâteau de 23 cm/9

### Pour le gâteau :

100 g/4 oz/1 tasse de farine auto-levante (auto-levante)

100 g/4 oz/½ tasse de beurre ou de margarine, ramolli

100g/4oz/½ tasse de sucre dur (superfin)

2 oeufs

### Pour la mousse :

15 ml/1 cuillère à soupe de gélatine en poudre

30 ml/2 cuillères à soupe d'eau

450g/1lb de fraises

3 œufs, séparés

75 g/3 oz/1/3 tasse de sucre en poudre (superfin)

5 ml/1 cuillère à café de jus de citron

300 ml/½ pt/1¼ tasse de crème double (épaisse)

30 ml/2 cuillères à soupe d'amandes effilées (tranchées), légèrement grillées

Battre les ingrédients du gâteau jusqu'à consistance lisse. Versez dans un moule graissé et chemisé de 23 cm/9 (plaque à pâtisserie) et faites cuire dans un four préchauffé à 190°C/375°F/thermostat 5 pendant 25 minutes, jusqu'à ce qu'ils soient dorés et fermes au toucher. Retirer du moule et laisser refroidir.

Pour préparer la mousse, saupoudrez la gélatine d'eau dans un bol et laissez-la devenir spongieuse. Placer le récipient dans une casserole d'eau chaude et laisser jusqu'à ce qu'il se dissolve. Laisser refroidir légèrement. Pendant ce temps, écrasez 350g/12oz de fraises, puis passez au tamis (passoire) pour enlever les pépins. Battre les jaunes d'œufs et le sucre jusqu'à ce qu'ils deviennent pâles et épais et que le mélange se détache du fouet sous forme de rubans. Mélanger la purée, le jus de citron et la gélatine. Battre la crème jusqu'à ce qu'elle soit ferme, puis en incorporer la moitié au mélange. À l'aide d'un fouet propre et d'un bol, battre les blancs d'œufs en neige ferme, qui sont ensuite mélangés au mélange.

Coupez le biscuit en deux horizontalement et placez une moitié dans le fond d'une plaque de cuisson propre (plaque de cuisson) tapissée de film alimentaire (pellicule plastique). Coupez les fraises restantes et étalez-les sur le biscuit, puis versez sur la crème aromatisée et enfin la deuxième couche de gâteau. Appuyez très doucement. Réfrigérer jusqu'à ce qu'il soit pris.

Pour servir, retournez le gâteau sur une assiette de service et retirez le film alimentaire (film plastique). Garnir avec le reste de crème et garnir d'amandes.

# *la veille de Noël*

Faire un

3 oeufs

100g/4oz/½ tasse de sucre dur (superfin)

100 g/4 oz/1 tasse de farine ordinaire (tout usage)

50g/2oz/½ tasse de chocolat nature (mi-sucré), râpé

15 ml/1 cuillère à soupe d'eau chaude

Sucre de fer (super fin) pour rouler

Pour le glaçage (glaçage) :

175 g/6 oz/¾ tasse de beurre ou de margarine, ramolli

350g/12oz/2 tasses de sucre (de confiserie), tamisé

30 ml/2 cuillères à soupe d'eau tiède

30 ml/2 cuillères à soupe de poudre de cacao (chocolat non sucré) Pour la décoration :

Feuilles de houx et rouge-gorge (facultatif)

Battez les œufs et le sucre dans un bol résistant à la chaleur, qui est placé au-dessus d'une casserole d'eau légèrement bouillante. Continuez à battre jusqu'à ce que le mélange soit ferme et se détache du batteur en rubans. Retirer du feu et fouetter jusqu'à refroidissement. Incorporer la moitié de la farine, puis le chocolat, puis le reste de la farine, puis l'eau. Verser dans un moule à swiss roll (jelly pan) graissé et chemisé et cuire dans un four préchauffé à 220°C/425°F/thermostat 7 pendant environ 10 minutes, jusqu'à consistance ferme au toucher. Saupoudrez une grande feuille de papier huilé (ciré) de sucre en poudre. Démoulez le gâteau sur le papier et coupez les bords. Couvrir avec une autre feuille de papier et rouler sans serrer à partir du bord court.

Pour le glaçage, battre le beurre ou la margarine et le sucre en poudre, puis battre l'eau et le cacao. Déballez le gâteau froid, retirez le papier et étalez la moitié du glaçage sur le gâteau. Roulez-le à nouveau, puis badigeonnez-le avec le glaçage restant et marquez-le avec une fourchette pour le faire ressembler à une bûche. Tamisez un peu de sucre en poudre sur le dessus et décorez comme vous le souhaitez.

# gâteau de Paques

Pour un gâteau de 20 cm/8

75 g/3 oz/1/3 tasse de sucre muscovado

3 oeufs

75 g/3 oz/¾ tasse de farine auto-levante (auto-levante)

15 ml/1 cuillère à soupe de poudre de cacao (chocolat non sucré)

15 ml/1 cuillère à soupe d'eau tiède

### Pour le remplissage :
50 g/2 oz/¼ tasse de beurre ou de margarine, ramolli

75 g/3 oz/½ tasse de sucre (de confiserie), tamisé

### Pour la vinaigrette :
100 g/4 oz/1 tasse de chocolat nature (mi-sucré)

25 g/1 oz/2 cuillères à soupe de beurre ou de margarine

Ruban ou fleurs en sucre (facultatif)

Fouetter le sucre et les œufs ensemble dans un bol résistant à la chaleur placé au-dessus d'une casserole d'eau légèrement frémissante. Continuez à battre jusqu'à ce que le mélange soit épais et crémeux. Laisser reposer quelques minutes, puis retirer du feu et fouetter à nouveau jusqu'à ce que le mélange ne laisse plus de traces une fois le fouet retiré. Ajouter la farine et le cacao, puis incorporer l'eau. Verser le mélange dans un moule graissé et chemisé de 20 cm/8 (moule à pâtisserie) et un moule graissé et chemisé de 15 cm/6. Cuire au four préchauffé à 200°C/400°F/thermostat 6 pendant 15-20 minutes, jusqu'à ce qu'ils soient bien gonflés et fermes au toucher. Laisser refroidir sur une grille.

Pour préparer la garniture, mélanger la margarine et le sucre en poudre jusqu'à consistance mousseuse. Utilisez-le pour placer des gâteaux plus petits en sandwich sur les plus gros.

Pour faire la garniture, faire fondre le chocolat et le beurre ou la margarine dans un bol résistant à la chaleur au-dessus d'une casserole d'eau légèrement frémissante. Versez la garniture sur le gâteau à l'aide d'une cuillère et étalez avec un couteau trempé dans de l'eau chaude afin qu'il soit entièrement recouvert. Décorez le pourtour avec du ruban ou des fleurs en sucre.

## *Gâteau de Pâques Simnel*

Pour un gâteau de 20 cm/8

225 g/8 oz/1 tasse de beurre ou de margarine, ramolli

225 g/8 oz/1 tasse de cassonade douce

Le zeste râpé de 1 citron

4 oeufs, battus

225 g/8 oz/2 tasses de farine ordinaire (tout usage)

5 ml/1 cuillère à café de levure chimique

2,5 ml/½ cuillère à café de noix de muscade râpée

50 g/2 oz/½ tasse de semoule de maïs (fécule de maïs)

100 g/4 oz/2/3 tasse de raisins secs (raisins dorés)

100 g/4 oz/2/3 tasse de raisins secs

75 g/3 oz/½ tasse de groseilles

100 g/4 oz/½ tasse de cerises glacées (confites), hachées

25 g/1 oz/¼ tasse d'amandes moulues

450g/1lb de pâte d'amande

30 ml/2 cuillères à soupe de confiture d'abricot (conserve)

1 blanc d'oeuf, battu

Mélanger le beurre ou la margarine, le sucre et le zeste de citron jusqu'à ce qu'ils soient pâles et mousseux. Incorporer progressivement les œufs, puis incorporer la farine, la levure chimique, la muscade et la semoule de maïs. Incorporer les fruits et les amandes. Verser la moitié du mélange dans un plat allant au four de 20 cm de profondeur graissé et chemisé (plaque à pâtisserie). Étalez la moitié de la pâte d'amande en un cercle de la taille d'un gâteau et placez-le sur le mélange. Remplissez avec le reste du mélange et faites cuire dans un four préchauffé à 160°C/325°F/thermostat 3 pendant 2-2h30 jusqu'à ce qu'ils soient dorés. Laisser refroidir dans le moule. Une fois refroidi, retourner et envelopper dans du papier graissé (ciré). Si possible, conservez-les dans un récipient hermétique jusqu'à trois semaines pour mûrir.

Pour finir le gâteau, tartiner le dessus de confiture. Étaler les trois quarts de la pâte d'amande restante en cercles de 20 cm/8, lisser les bords et déposer sur le dessus du gâteau. Roulez le reste de pâte d'amande en 11 boules (représentant les disciples sans Jude). Badigeonnez le dessus du gâteau avec le blanc d'œuf battu et disposez les boules sur le pourtour du gâteau, puis badigeonnez-les de blanc d'œuf. Placer sous un gril chaud (broiler) pendant environ une minute pour dorer légèrement.

# *Gâteau de la douzième nuit*

Pour un gâteau de 20 cm/8

225 g/8 oz/1 tasse de beurre ou de margarine, ramolli

225 g/8 oz/1 tasse de cassonade douce

4 oeufs, battus

225 g/8 oz/2 tasses de farine ordinaire (tout usage)

5 ml/1 cuillère à café d'épices mélangées moulues (tarte aux pommes).

175 g/6 oz/1 tasse de raisins secs (raisins dorés)

100 g/4 oz/2/3 tasse de raisins secs

75 g/3 oz/½ tasse de groseilles

50 g/2 oz/¼ tasse de cerises glacées (confites)

50 g/2 oz/1/3 tasse d'écorces mélangées hachées (confites)

30 ml/2 cuillères à soupe de lait

12 bougies pour la décoration

Battre le beurre ou la margarine et le sucre jusqu'à ce qu'ils soient pâles et mousseux. Incorporer les œufs petit à petit, puis ajouter la farine, le mélange d'épices, les fruits et les zestes et mélanger jusqu'à ce que le tout soit bien mélangé, en ajoutant un peu de lait si nécessaire pour obtenir un mélange onctueux. Verser dans un moule graissé et chemisé de 20 cm/8 (plaque à pâtisserie) et cuire dans un four préchauffé à 180°C/350°F/thermostat 4 pendant 2 heures, jusqu'à ce qu'un cure-dent inséré au centre en ressorte propre. Laisser aller

# Gâteau aux pommes au micro-ondes

La taille du carré est de 23 cm/9

100 g/4 oz/½ tasse de beurre ou de margarine, ramolli

100g/4oz/½ tasse de cassonade douce

30 ml / 2 cuillères à soupe de sirop doré (maïs clair)

2 oeufs, légèrement battus

225 g/8 oz/2 tasses de farine auto-levante (auto-levante)

10 ml/2 c. à thé d'épices mélangées moulues (rouleau aux pommes).

120 ml/4 oz/½ tasse de lait

2 pommes à cuire (tartes), pelées, évidées et tranchées finement

15 ml/1 cuillère à soupe de sucre (surfin).

5 ml/1 cuillère à café de cannelle moulue

Mélanger le beurre ou la margarine, la cassonade et le sirop jusqu'à consistance pâle et mousseuse. Battre les oeufs petit à petit. Ajouter le mélange de farine et d'épices, puis incorporer le lait jusqu'à obtention d'une consistance lisse. Incorporer les pommes. Verser dans un moule rond graissé et chemisé allant au micro-ondes (23 cm/9) et cuire au micro-ondes à puissance moyenne pendant 12 minutes jusqu'à consistance ferme. Laisser reposer 5 minutes, puis retourner et saupoudrer de sucre et de cannelle.

# Gâteau aux pommes au micro-ondes

Pour un gâteau de 20 cm/8

100 g/4 oz/½ tasse de beurre ou de margarine, ramolli

175g/6oz/¾ tasse de cassonade douce

1 oeuf, légèrement battu

175g/6oz/1½ tasses de farine ordinaire (tout usage)

2,5 ml/½ cuillère à café de levure chimique

Pincée de sel

2,5 ml/½ c. à thé de piment de la Jamaïque moulu

1,5 ml/¼ cuillère à café de noix de muscade râpée

1,5 ml/¼ c. à thé de clous de girofle moulus

300 ml/½ pt/1¼ tasse de compote de pommes non sucrée (sauce)

75 g/3 oz/½ tasse de raisins secs

Sucre en poudre (de confiserie) pour saupoudrer

Crémer ensemble le beurre ou la margarine et la cassonade jusqu'à consistance légère et mousseuse. Incorporer progressivement l'œuf, puis ajouter en alternance la farine, la levure chimique, le sel et les épices, ainsi que la compote de pommes et les raisins secs. Verser dans un moule carré de 20 cm de côté graissé et fariné et cuire au micro-ondes à puissance élevée pendant 12 minutes. Laisser refroidir dans le moule, puis couper en carrés et saupoudrer de sucre en poudre.

# *Gâteau aux pommes et aux noix au micro-ondes*

Pour un gâteau de 20 cm/8

175 g/6 oz/¾ tasse de beurre ou de margarine, ramolli

100g/4oz/½ tasse de sucre dur (superfin)

3 oeufs, légèrement battus

30 ml / 2 cuillères à soupe de sirop doré (maïs clair)

Zeste râpé et jus de 1 citron

175 g/6 oz/1½ tasse de farine auto-levante (auto-levante)

50 g/2 oz/½ tasse de noix, hachées

1 pomme de table (dessert), pelée, évidée et tranchée

100g/4oz/2/3 tasse de sucre (de confiserie)

30 ml/2 cuillères à soupe de jus de citron

15 ml/1 cuillère à soupe d'eau

Moitiés de noix pour la décoration

Crémer ensemble le beurre ou la margarine et le sucre en poudre jusqu'à consistance légère et mousseuse. Ajouter progressivement les œufs, puis le sirop, le zeste et le jus de citron. Ajouter la farine, les noix hachées et la pomme. Placer dans un moule rond graissé de 20 cm/8 allant au micro-ondes et cuire au micro-ondes pendant 4 minutes. Retirer du four et couvrir de papier d'aluminium. Laissez refroidir. Mélanger le sucre en poudre avec le jus de citron et assez d'eau pour faire un glaçage lisse. Répartir sur le gâteau et décorer de moitiés de noix.

# Gâteau aux carottes au micro-ondes

Pour un gâteau de 18 cm/7

100 g/4 oz/½ tasse de beurre ou de margarine, ramolli

100g/4oz/½ tasse de cassonade douce

2 œufs, battus

Zeste râpé et jus d'1 orange

2,5 ml/½ cuillère à café de cannelle moulue

Une pincée de muscade râpée

100 g/4 oz de carottes, râpées

100 g/4 oz/1 tasse de farine auto-levante (auto-levante)

25 g/1 oz/¼ tasse d'amandes moulues

25 g/1 oz/2 cuillères à soupe de sucre en poudre (superfin)

Pour la vinaigrette :

100 g/4 oz/½ tasse de fromage à la crème

50 g/2 oz/1/3 tasse de sucre en poudre (de confiserie), tamisé

30 ml/2 cuillères à soupe de jus de citron

Battre le beurre et le sucre jusqu'à consistance légère et mousseuse. Battre progressivement les œufs, puis incorporer le jus et le zeste d'orange, les épices et les carottes. Incorporer la farine, les amandes et le sucre. Verser dans un moule à cake graissé et chemisé de 18 cm/7 et recouvrir de film alimentaire (plastique). Cuire au micro-ondes à puissance élevée pendant 8 minutes, jusqu'à ce qu'un couteau inséré au centre en ressorte propre. Retirer le film alimentaire et laisser reposer 8 minutes avant de démouler sur une grille pour refroidir. Battez les ingrédients de la garniture, puis étalez-les sur le gâteau refroidi.

# *Gâteau aux carottes, ananas et noix au micro-ondes*

Pour un gâteau de 20 cm/8

225 g/8 oz/1 tasse de sucre granulé (superfin)

2 oeufs

120 ml/4 oz/½ tasse d'huile

1,5 ml/¼ cuillère à café de sel

5 ml/1 cuillère à café de bicarbonate de soude (bicarbonate de soude)

100 g/4 oz/1 tasse de farine auto-levante (auto-levante)

5 ml/1 cuillère à café de cannelle moulue

175 g/6 oz de carottes, râpées

75 g/3 oz/¾ tasse de noix hachées

225 g/8 oz d'ananas écrasé avec du jus

Pour le glaçage (glaçage) :

15 g/½ oz/1 cuillère à soupe de beurre ou de margarine

50 g/2 oz/¼ tasse de fromage à la crème

10 ml/2 cuillères à café de jus de citron

Sucre en poudre (confiserie), tamisé

Tapisser un grand moule circulaire (moule à pâtisserie) de papier sulfurisé. Mélanger le sucre, les œufs et l'huile jusqu'à consistance mousseuse. Incorporer délicatement les ingrédients secs jusqu'à ce qu'ils soient bien mélangés. Incorporer le reste des ingrédients du gâteau. Verser le mélange dans le moule préparé, placer sur une grille ou une assiette retournée et chauffer au micro-ondes à puissance élevée pendant 13 minutes ou jusqu'à ce qu'il soit juste pris. Laisser reposer 5 minutes, puis démouler sur une grille pour refroidir.

Pendant ce temps, préparez le glaçage. Placer le beurre ou la margarine, le fromage à la crème et le jus de citron dans un bol et cuire au micro-ondes à puissance élevée pendant 30 à 40 secondes. Incorporer graduellement suffisamment de sucre en poudre pour obtenir un mélange épais et battre jusqu'à consistance mousseuse. Lorsque le gâteau est froid, étalez le glaçage dessus.

# *Gâteaux au son assaisonnés au four à micro-ondes*

Faire 15

75 g/3 oz/¾ tasse de céréales All Bran

250 ml/8 oz/1 tasse de lait

175g/6oz/1½ tasses de farine ordinaire (tout usage)

75 g/3 oz/1/3 tasse de sucre en poudre (superfin)

10 ml / 2 cuillères à café de levure chimique

10 ml/2 c. à thé d'épices mélangées moulues (rouleau aux pommes).

Pincée de sel

60 ml/4 cuillères à soupe de sirop doré (maïs clair)

45 ml/3 cuillères à soupe d'huile

1 oeuf, légèrement battu

75 g/3 oz/½ tasse de raisins secs

15 ml/1 cuillère à soupe de zeste d'orange râpé

Faire tremper les céréales dans le lait pendant 10 minutes. Mélanger la farine, le sucre, la levure chimique, le mélange d'épices et le sel, puis incorporer aux flocons. Incorporer le sirop, l'huile, les œufs, les raisins secs et le zeste d'orange. Verser dans des boîtes en papier (moules à biscuits) et cuire au micro-ondes cinq gâteaux à la fois à puissance élevée pendant 4 minutes. Répétez l'opération pour les gâteaux restants.

# *Gâteau aux bananes et aux fruits de la passion au micro-ondes*

Pour un gâteau de 23 cm/9

100 g/4 oz/½ tasse de beurre ou de margarine, fondu

175 g/6 oz/1½ tasse de chapelure de biscuits au gingembre (biscuit)

250g/9oz/gros 1 tasse de fromage à la crème

175 ml/6 fl oz/¾ tasse de crème sure (acide lactique)

2 oeufs, légèrement battus

100g/4oz/½ tasse de sucre dur (superfin)

Zeste râpé et jus de 1 citron

150 ml/¼ pt/2/3 tasse de crème fouettée

1 banane, tranchée

1 fruit de la passion, tranché

Mélanger le beurre ou la margarine et la chapelure de biscuits et presser au fond et sur les côtés d'un plat allant au four micro-ondes de 23 cm/9. Cuire au micro-ondes à puissance élevée pendant 1 minute. Laissez refroidir.

**Battre le fromage à la crème et la crème sure jusqu'à consistance lisse, puis incorporer l'œuf, le sucre, le jus de citron et le zeste. Versez dans le fond à l'aide d'une cuillère et étalez uniformément. Cuire à feu moyen pendant 8 minutes. Laissez refroidir.**

Fouettez la crème jusqu'à ce qu'elle soit ferme, puis étalez-la sur le boyau. Déposer les tranches de bananes dessus et déposer la chair des fruits de la passion dessus.

# Cheesecake à l'orange cuit au micro-ondes

Pour un gâteau de 20 cm/8

50 g/2 oz/¼ tasse de beurre ou de margarine

12 biscuits digestifs (graham crackers), écrasés

100g/4oz/½ tasse de sucre dur (superfin)

225 g/8 oz/1 tasse de fromage à la crème

2 oeufs

30 ml/2 cuillères à soupe de jus d'orange concentré

15 ml/1 cuillère à soupe de jus de citron

150 ml/¼ pt/2/3 tasse de crème sure (acide lactique)

Pincée de sel

1 orange

30 ml/2 cuillères à soupe de confiture d'abricot (conserve)

150 ml/¼ pt/2/3 tasse de crème double (épaisse)

Faire fondre le beurre ou la margarine dans un plat de 20 cm/8 allant au micro-ondes à puissance élevée pendant 1 minute. Mélanger la chapelure de biscuits et 25 g/1 oz/2 cuillères à soupe de sucre et presser au fond et sur les côtés du moule. Battre le fromage avec le reste du sucre et des œufs, puis incorporer les jus d'orange et de citron, la crème sure et le sel. Verser dans la coque (shell) et micro-ondes à puissance élevée pendant 2 minutes. Laisser reposer pendant 2 minutes, puis cuire au micro-ondes à puissance élevée pendant encore 2 minutes. Laisser reposer 1 minute, puis chauffer au micro-ondes à puissance élevée pendant 1 minute. Laissez refroidir.

Pelez l'orange et retirez les morceaux de la membrane avec un couteau bien aiguisé. Faire fondre la confiture et badigeonner le dessus du cheesecake. Fouettez la crème et versez-la sur le pourtour du gâteau, puis décorez-le avec des morceaux d'orange.

## *Gâteau au fromage à l'ananas allant au micro-ondes*

Pour un gâteau de 23 cm/9

100 g/4 oz/½ tasse de beurre ou de margarine, fondu

175g/6oz/1½ tasses Biscuits Digestifs (Graham Crackers)

250g/9oz/gros 1 tasse de fromage à la crème

2 oeufs, légèrement battus

5 ml/1 cuillère à café de zeste de citron râpé

30 ml/2 cuillères à soupe de jus de citron

75 g/3 oz/1/3 tasse de sucre en poudre (superfin)

400g/14oz/1 grande boîte d'ananas, égoutté et écrasé

150 ml/¼ pt/2/3 tasse de crème double (épaisse)

Mélanger le beurre ou la margarine et la chapelure de biscuits et presser au fond et sur les côtés d'un plat allant au four micro-ondes de 23 cm/9. Cuire au micro-ondes à puissance élevée pendant 1 minute. Laissez refroidir.

> Battre le fromage à la crème, les œufs, le zeste et le jus de citron et le sucre jusqu'à consistance lisse. Incorporer l'ananas et ajouter la base avec une cuillère. Micro-ondes à puissance moyenne pendant 6 minutes jusqu'à ce que le tout soit pris. Laissez refroidir.

Fouetter la crème jusqu'à ce qu'elle soit ferme, puis la déposer sur le cheesecake.

# *Pain aux cerises et aux noix au micro-ondes*

Donne un pain de 900 g/2 lb

175 g/6 oz/¾ tasse de beurre ou de margarine, ramolli

175g/6oz/¾ tasse de cassonade douce

3 oeufs, battus

225 g/8 oz/2 tasses de farine ordinaire (tout usage)

10 ml / 2 cuillères à café de levure chimique

Pincée de sel

45 ml/3 cuillères à soupe de lait

75 g/3 oz/1/3 tasse de cerises glacées (confites)

75 g/3 oz/¾ tasse de noix mélangées hachées

25 g/1 oz/3 cuillères à soupe de sucre en poudre (de confiserie), tamisé

Crémer ensemble le beurre ou la margarine et la cassonade jusqu'à consistance légère et mousseuse. Incorporer les œufs petit à petit, puis incorporer la farine, la levure chimique et le sel. Incorporer suffisamment de lait pour faire un mélange doux, puis incorporer les cerises et les noix. Placer dans un moule à pain micro-ondable graissé et chemisé de 900 g/2 lb et saupoudrer de sucre. Cuire au micro-ondes à puissance élevée pendant 7 minutes. Laisser reposer 5 minutes, puis démouler sur une grille pour refroidir.

# Gâteau au chocolat au micro-ondes

Pour un gâteau de 18 cm/7

225 g/8 oz/1 tasse de beurre ou de margarine, ramolli

175g/6oz/¾ tasse de sucre (superfin)

150g/5oz/1¼ tasses de farine auto-levante (auto-levante)

50 g/2 oz/¼ tasse de poudre de cacao (chocolat non sucré)

5 ml/1 cuillère à café de levure chimique

3 oeufs, battus

45 ml/3 cuillères à soupe de lait

Mélangez tous les ingrédients et versez-les dans un plat allant au micro-ondes graissé et chemisé de 18 cm/7. Cuire au micro-ondes à puissance élevée pendant 9 minutes jusqu'à ce qu'ils soient fermes au toucher. Laisser refroidir dans le moule pendant 5 minutes, puis démouler sur une grille pour refroidir.

# *Gâteau au chocolat et aux amandes au micro-ondes*

Pour un gâteau de 20 cm/8

Pour le gâteau :

100 g/4 oz/½ tasse de beurre ou de margarine, ramolli

100g/4oz/½ tasse de sucre dur (superfin)

2 oeufs, légèrement battus

100 g/4 oz/1 tasse de farine auto-levante (auto-levante)

50 g/2 oz/½ tasse de poudre de cacao (chocolat non sucré)

50 g/2 oz/½ tasse d'amandes moulues

150 ml/¼ pt/2/3 tasse de lait

60 ml/4 cuillères à soupe de sirop doré (maïs clair)

Pour le glaçage (glaçage) :

100 g/4 oz/1 tasse de chocolat nature (mi-sucré)

25 g/1 oz/2 cuillères à soupe de beurre ou de margarine

8 amandes entières

Pour faire le gâteau, crémez le beurre ou la margarine et le sucre jusqu'à consistance légère et mousseuse. Incorporer les œufs petit à petit, puis ajouter la farine et le cacao, puis la poudre d'amandes. Incorporer le lait et le sirop et battre jusqu'à consistance légère et mousseuse. Placer dans un plat micro-ondable de 20 cm/8 recouvert d'un film alimentaire (pellicule plastique) et passer au micro-ondes pendant 4 minutes. Sortir du four, couvrir le dessus de papier d'aluminium et laisser refroidir légèrement, puis démouler sur une grille pour refroidir.

Pour faire le glaçage, faire fondre le chocolat et le beurre ou la margarine à feu vif pendant 2 minutes. Battez bien. Tremper les amandes à moitié dans le chocolat et les laisser durcir sur du papier graissé (ciré). Versez le glaçage restant sur le gâteau et étalez-le sur le dessus et les côtés. Garnir d'amandes et laisser durcir.

# *Brownies double chocolat au micro-ondes*

Faire 8

150g/5oz/1¼ tasses de chocolat nature (mi-sucré), haché grossièrement

75 g/3 oz/1/3 tasse de beurre ou de margarine

175g/6oz/¾ tasse de cassonade douce

2 oeufs, légèrement battus

150g/5oz/1¼ tasses de farine ordinaire (tout usage)

2,5 ml/½ cuillère à café de levure chimique

2,5 ml/½ cuillère à café d'essence de vanille (extrait)

30 ml/2 cuillères à soupe de lait

Faire fondre 50 g/2 oz/½ tasse de chocolat avec du beurre ou de la margarine à feu vif pendant 2 minutes. Battre le sucre et les œufs, puis incorporer la farine, la levure chimique, l'essence de vanille et le lait jusqu'à consistance lisse. Placer dans un moule carré de 20 cm / 8 graissé et cuire au micro-ondes à puissance élevée pendant 7 minutes. Laisser refroidir dans le bol pendant 10 minutes. Faites fondre le reste du chocolat à feu vif pendant 1 minute, puis étalez-le sur le dessus du gâteau et laissez refroidir. Couper en carrés.

# Barres de chocolat aux dattes au micro-ondes

Faire 8

50 g/2 oz/1/3 tasse de dattes dénoyautées, tranchées

60 ml/4 cuillères à soupe d'eau bouillante

65 g/2½ oz/1/3 tasse de beurre ou de margarine, ramolli

225 g/8 oz/1 tasse de sucre granulé (superfin)

1 oeuf

100 g/4 oz/1 tasse de farine ordinaire (tout usage)

10 ml/2 cuillères à café de poudre de cacao (chocolat non sucré)

2,5 ml/½ cuillère à café de levure chimique

Pincée de sel

25 g/1 oz/¼ tasse de noix mélangées hachées

100 g/4 oz/1 tasse de chocolat nature (mi-sucré), haché finement

Verser de l'eau bouillante sur les dattes et laisser refroidir. Battre le beurre ou la margarine avec la moitié du sucre jusqu'à consistance mousseuse. Incorporer progressivement l'œuf, puis incorporer en alternance la farine, le cacao, la levure chimique et le sel, et le mélange de dattes. Verser dans un moule carré de 20 cm graissé et fariné allant au micro-ondes. Mélanger le sucre restant avec les noix et le chocolat et saupoudrer sur le dessus et presser légèrement. Cuire au micro-ondes à puissance élevée pendant 8 minutes. Laisser refroidir dans un bol avant de couper en carrés.

# *Carrés de chocolat au micro-ondes*

Faire 16

Pour le gâteau :

50 g/2 oz/¼ tasse de beurre ou de margarine

5 ml/1 cuillère à café de sucre en poudre (superfin)

75 g/3 oz/¾ tasse de farine ordinaire (tout usage)

1 jaune d'oeuf

15 ml/1 cuillère à soupe d'eau

175g/6oz/1½ tasses de chocolat nature (mi-sucré), râpé ou finement haché

Pour la vinaigrette :

50 g / 2 oz / ¼ tasse de beurre ou de margarine

50g/2oz/¼ tasse de sucre en poudre (superfin)

1 oeuf

2,5 ml/½ cuillère à café d'essence de vanille (extrait)

100 g/4 oz/1 tasse de noix hachées

Pour le gâteau, ramollissez le beurre ou la margarine et mélangez-le au sucre, à la farine, au jaune d'œuf et à l'eau. Répartir le mélange uniformément dans un plat carré de 20 cm/8 allant au micro-ondes et chauffer au micro-ondes à puissance élevée pendant 2 minutes. Saupoudrer de chocolat et chauffer au micro-ondes à puissance élevée pendant 1 minute. Répartir uniformément sur la base et laisser jusqu'à ce qu'il durcisse.

Pour faire la garniture, chauffer le beurre ou la margarine au micro-ondes à puissance élevée pendant 30 secondes. Incorporer le reste des ingrédients pour la garniture et étaler sur le chocolat. Micro-ondes à puissance élevée pendant 5 minutes. Laisser refroidir puis découper en carrés.

# *Gâteau au café rapide au micro-ondes*

Pour un gâteau de 19 cm/7

Pour le gâteau :

225 g/8 oz/1 tasse de beurre ou de margarine, ramolli

225 g/8 oz/1 tasse de sucre granulé (superfin)

225 g/8 oz/2 tasses de farine auto-levante (auto-levante)

5 oeufs

45 ml/3 cuillères à soupe d'essence de café (extrait)

Pour le glaçage (glaçage) :

30 ml/2 cuillères à soupe d'essence de café (extrait)

175 g/6 oz/¾ tasse de beurre ou de margarine

Sucre en poudre (confiserie), tamisé

Moitiés de noix pour la décoration

Mélanger tous les ingrédients du gâteau jusqu'à ce qu'ils soient bien combinés. Répartir dans deux moules à gâteau de 19 cm/7 allant au micro-ondes et cuire chacun à puissance élevée pendant 5 à 6 minutes. Retirer du micro-ondes et laisser refroidir.

Mélangez les ingrédients pour le glaçage et sucrez-les au goût avec du sucre en poudre. Une fois refroidis, enserrez les gâteaux avec la moitié du glaçage et étalez le reste sur le dessus. Décorer avec des moitiés de noix.

# *Gâteau de Noël au micro-ondes*

Pour un gâteau de 23 cm/9

150 g/5 oz/2/3 tasse de beurre ou de margarine, ramolli

150g/5oz/2/3 tasse de cassonade douce

3 oeufs

30 ml/2 cuillères à soupe de mélasse (mélasse verte)

225 g/8 oz/2 tasses de farine auto-levante (auto-levante)

10 ml/2 c. à thé d'épices mélangées moulues (rouleau aux pommes).

2. 5 ml/½ cuillère à café de noix de muscade râpée

2,5 ml/½ cuillère à café de bicarbonate de soude (bicarbonate de soude)

450 g/1 lb/22/3 tasses de fruits séchés mélangés (mélange pour gâteau aux fruits)

50 g/2 oz/¼ tasse de cerises glacées (confites)

50 g/2 oz/1/3 tasse d'écorces mélangées hachées

50 g/2 oz/½ tasse de noix mélangées hachées

30 ml/2 cuillères à soupe de cognac

Brandy supplémentaire pour faire mûrir le gâteau (facultatif)

Battre le beurre ou la margarine et le sucre jusqu'à consistance légère et mousseuse. Incorporer progressivement les œufs et le sirop de mélasse, puis ajouter la farine, les épices et le bicarbonate de soude. Incorporer délicatement les fruits, les écorces et les noix mélangées, puis incorporer le cognac. Placer dans un plat à four à micro-ondes à fond chemisé de 23 cm/9 et cuire à feu doux pendant 45 à 60 minutes. Laisser refroidir dans le moule pendant 15 minutes avant de démouler sur une grille pour refroidir.

Une fois refroidi, enveloppez le gâteau dans du papier d'aluminium et placez-le dans un endroit frais et sombre pendant

2 semaines. Si vous le souhaitez, percez le dessus du gâteau plusieurs fois avec une fine brochette et saupoudrez de cognac, puis réemballez le gâteau et conservez-le. Vous pouvez le faire plusieurs fois pour obtenir un gâteau plus riche.

# Gâteau aux miettes au micro-ondes

Pour un gâteau de 20 cm/8

300g/10oz/1¼ tasses de sucre granulé (superfin)

225 g/8 oz/2 tasses de farine ordinaire (tout usage)

10 ml / 2 cuillères à café de levure chimique

5 ml/1 cuillère à café de cannelle moulue

100 g/4 oz/½ tasse de beurre ou de margarine, ramolli

2 oeufs, légèrement battus

100 ml/3½ fl oz/6½ cuillères à soupe de lait

Mélanger le sucre, la farine, la levure chimique et la cannelle. Incorporer le beurre ou la margarine, puis réserver un quart du mélange. Mélanger les œufs et le lait ensemble et incorporer à la masse du mélange à gâteau. Verser le mélange dans un moule graissé et fariné allant au micro-ondes de 20 cm/8 et saupoudrer du mélange de chapelure réservé. Micro-ondes à puissance élevée pendant 10 minutes. Laisser refroidir dans le bol.

# *Lignes de date micro-ondes*

Faire 12

150g/5oz/1¼ tasses de farine auto-levante (auto-levante)

175g/6oz/¾ tasse de sucre (superfin)

100 g/4 oz/1 tasse de noix de coco déshydratée (râpée)

100 g/4 oz/2/3 tasse de dattes dénoyautées, tranchées

50 g/2 oz/½ tasse de noix mélangées hachées

100 g/4 oz/½ tasse de beurre ou de margarine, fondu

1 oeuf, légèrement battu

Sucre en poudre (de confiserie) pour saupoudrer

Mélanger les ingrédients secs. Mélanger le beurre ou la margarine et l'œuf en une pâte ferme. Presser au fond d'un plat carré de 20 cm/8 allant au micro-ondes et chauffer au micro-ondes à puissance moyenne pendant 8 minutes jusqu'à ce qu'il soit ferme. Laisser dans le bol pendant 10 minutes, puis couper en cubes et démouler sur une grille pour refroidir.

# *Pain aux figues au micro-ondes*

Donne un pain de 675 g/1½ lb

100 g/4 oz/2 tasses de son

50 g/2 oz/¼ tasse de cassonade douce

45 ml/3 cuillères à soupe de miel pur

100 g/4 oz/2/3 tasse de figues séchées, hachées

50 g/2 oz/½ tasse de noisettes hachées

300 ml/½ pt/1¼ tasse de lait

100 g/4 oz/1 tasse de farine de blé entier (blé entier)

10 ml / 2 cuillères à café de levure chimique

Pincée de sel

Mélanger tous les ingrédients en une pâte ferme. Façonner dans un moule allant au micro-ondes et niveler la surface. Cuire à feu vif pendant 7 minutes. Laisser refroidir dans le moule pendant 10 minutes, puis démouler sur une grille pour refroidir.

# *Flapjacks micro-ondes*

Faites-le 24

175 g/6 oz/¾ tasse de beurre ou de margarine, ramolli

50g/2oz/¼ tasse de sucre en poudre (superfin)

50 g/2 oz/¼ tasse de cassonade douce

90 ml/6 cuillères à soupe de sirop doré (maïs clair)

Pincée de sel

275 g/10 oz/2½ tasses de flocons d'avoine

Mélanger le beurre ou la margarine et les sucres dans un grand bol et cuire à feu vif pendant 1 minute. Ajouter les ingrédients restants et bien mélanger. Verser le mélange dans un moule graissé de 18 cm/7 allant au micro-ondes et presser légèrement. Cuire à feu vif pendant 5 minutes. Laisser refroidir un peu, puis couper en carrés.

# Gâteau aux fruits au micro-ondes

Pour un gâteau de 18 cm/7

175 g/6 oz/¾ tasse de beurre ou de margarine, ramolli

175g/6oz/¾ tasse de sucre (superfin)

Le zeste râpé de 1 citron

3 oeufs, battus

225 g/8 oz/2 tasses de farine ordinaire (tout usage)

5 ml/1 cuillère à café d'épices mélangées moulues (tarte aux pommes).

225 g/8 oz/11/3 tasses de raisins secs

225 g/8 oz/11/3 tasses de raisins secs (raisins dorés)

50 g/2 oz/¼ tasse de cerises glacées (confites)

50 g/2 oz/½ tasse de noix mélangées hachées

15 ml / 1 cuillère à soupe de sirop doré (maïs léger)

45 ml/3 cuillères à soupe de cognac

Crémer ensemble le beurre ou la margarine et le sucre jusqu'à consistance légère et mousseuse. Incorporer le zeste de citron, puis incorporer progressivement les œufs. Ajouter la farine et les épices mélangées, puis mélanger le reste des ingrédients. Verser dans un plat rond de 18 cm / 7 graissé et chemisé et cuire à feu doux pendant 35 minutes, jusqu'à ce qu'un cure-dent inséré au centre en ressorte propre. Laisser refroidir dans le moule pendant 10 minutes, puis démouler sur une grille pour refroidir.

## Carrés aux fruits et à la noix de coco allant au micro-ondes

Faire 8

50 g/2 oz/¼ tasse de beurre ou de margarine

9 biscuits digestifs (graham crackers), écrasés

50 g/2 oz/½ tasse de noix de coco déshydratée (râpée)

100 g/4 oz/2/3 tasse d'écorces mélangées hachées (confites)

50 g/2 oz/1/3 tasse de dattes dénoyautées, tranchées

15 ml/1 cuillère à soupe de farine ordinaire (tout usage)

25 g/1 oz/2 cuillères à soupe de cerises glacées (confites), hachées

100 g/4 oz/1 tasse de noix hachées

150 ml/¼ pt/2/3 tasse de lait concentré

Faire fondre le beurre ou la margarine dans un plat carré de 20 cm au micro-ondes à puissance élevée pendant 40 secondes. Incorporer les miettes de biscuits et les répartir uniformément au fond du moule. Saupoudrez de noix de coco, puis du zeste mélangé. Mélangez les dattes avec la farine, les cerises et les noix et saupoudrez-les dessus, puis versez du lait dessus. Cuire au micro-ondes à puissance élevée pendant 8 minutes. Laisser refroidir dans le moule, puis couper en carrés.

# Gâteau au fudge au micro-ondes

Pour un gâteau de 20 cm/8

150g/5oz/1¼ tasses de farine ordinaire (tout usage)

5 ml/1 cuillère à café de levure chimique

Pincée de bicarbonate de soude (bicarbonate de soude)

Pincée de sel

300g/10oz/1¼ tasses de sucre granulé (superfin)

50 g/2 oz/¼ tasse de beurre ou de margarine, ramolli

250 ml/8 oz/1 tasse de lait

Quelques gouttes d'essence de vanille (extrait)

1 oeuf

100g/4oz/1 tasse de chocolat nature (mi-sucré), haché

50 g / 2 oz / ½ tasse de noix mélangées hachées

Glaçage à la crème au beurre au chocolat

Mélanger la farine, la poudre à pâte, le bicarbonate de soude et le sel. Incorporer le sucre, puis incorporer le beurre ou la margarine, le lait et l'essence de vanille jusqu'à consistance lisse. Battre l'oeuf. Chauffer les trois quarts du chocolat au micro-ondes à puissance élevée pendant 2 minutes jusqu'à ce qu'il fonde, puis incorporer au mélange de gâteau jusqu'à consistance crémeuse. Incorporer les noix. Répartir le mélange dans 2 plats micro-ondables graissés et farinés de 20 cm/8 et passer au micro-ondes séparément pendant 8 minutes. Sortir du four, couvrir de papier d'aluminium et laisser refroidir 10 minutes, puis démouler sur une grille pour refroidir. Sandwichez avec la moitié du glaçage au beurre (glaçage), puis étalez le reste du glaçage sur le dessus et décorez avec le chocolat réservé.

# *Pain d'épice au micro-onde*

Pour un gâteau de 20 cm/8

50 g/2 oz/¼ tasse de beurre ou de margarine

75 g/3 oz/¼ tasse de sirop de mélasse noire (mélasse)

15 ml/1 cuillère à soupe de sucre (surfin).

100 g/4 oz/1 tasse de farine ordinaire (tout usage)

5 ml/1 cuillère à café de gingembre moulu

2,5 ml/½ c. à thé d'épices mélangées moulues (rouleau aux pommes).

2,5 ml/½ cuillère à café de bicarbonate de soude (bicarbonate de soude)

1 oeuf, battu

Placer le beurre ou la margarine dans un bol et chauffer au micro-ondes à puissance élevée pendant 30 secondes. Incorporer le sirop de mélasse et le sucre et cuire au micro-ondes à puissance élevée pendant 1 minute. Incorporer la farine, les épices et le bicarbonate de soude. Battre l'oeuf. Verser le mélange dans un plat graissé de 1,5 pinte/2½ pintes/6 pots et chauffer au micro-ondes pendant 4 minutes. Laisser refroidir dans le bol pendant 5 minutes, puis démouler sur une grille pour refroidir.

# Barres de gingembre au micro-ondes

Faire 12

Pour le gâteau :

150 g/5 oz/2/3 tasse de beurre ou de margarine, ramolli

50g/2oz/¼ tasse de sucre en poudre (superfin)

100 g/4 oz/1 tasse de farine ordinaire (tout usage)

2,5 ml/½ cuillère à café de levure chimique

5 ml/1 cuillère à café de gingembre moulu

Pour la vinaigrette :

15 g/½ oz/1 cuillère à soupe de beurre ou de margarine

15 ml / 1 cuillère à soupe de sirop doré (maïs léger)

Quelques gouttes d'essence de vanille (extrait)

5 ml/1 cuillère à café de gingembre moulu

50 g/2 oz/1/3 tasse de sucre (de confiserie)

Pour faire le gâteau, crémez le beurre ou la margarine et le sucre jusqu'à consistance légère et mousseuse. Incorporer la farine, la levure chimique et le gingembre et mélanger en une pâte lisse. Presser dans un plat carré de 20 cm/8 po allant au micro-ondes et cuire au micro-ondes à puissance moyenne pendant 6 minutes jusqu'à ce qu'il soit ferme.

Pour la vinaigrette, faire fondre le beurre ou la margarine et le sirop. Incorporer l'essence de vanille, le gingembre et le sucre en poudre et battre jusqu'à épaississement. Répartir uniformément sur le gâteau chaud. Laisser refroidir dans un bol, puis couper en cubes ou en carrés.

# *Gâteau doré au micro-ondes*

Pour un gâteau de 20 cm/8

### Pour le gâteau :

100 g/4 oz/½ tasse de beurre ou de margarine, ramolli

100g/4oz/½ tasse de sucre dur (superfin)

2 oeufs, légèrement battus

Quelques gouttes d'essence de vanille (extrait)

225 g/8 oz/2 tasses de farine ordinaire (tout usage)

10 ml / 2 cuillères à café de levure chimique

Pincée de sel

60 ml/4 cuillères à soupe de lait

### Pour le glaçage (glaçage) :

50 g/2 oz/¼ tasse de beurre ou de margarine, ramolli

100g/4oz/2/3 tasse de sucre (de confiserie)

Quelques gouttes d'essence de vanille (extrait) (facultatif)

Pour faire le gâteau, crémez le beurre ou la margarine et le sucre jusqu'à consistance légère et mousseuse. Incorporer les œufs petit à petit, puis incorporer la farine, la levure chimique et le sel. Incorporer suffisamment de lait pour obtenir une consistance douce et liquide. Verser dans deux moules micro-ondes graissés et farinés de 20 cm/8 et cuire chaque gâteau séparément à feu vif pendant 6 minutes. Sortir du four, couvrir de papier d'aluminium et laisser refroidir 5 minutes, puis démouler sur une grille pour refroidir.

Pour faire le glaçage, battre le beurre ou la margarine jusqu'à ce qu'ils soient tendres, puis ajouter le sucre en poudre et l'essence de vanille si désiré. Empilez les gâteaux avec la moitié du glaçage, puis étalez le reste sur le dessus.

# *Gâteau au miel et aux noisettes au micro-ondes*

Pour un gâteau de 18 cm/7

150 g/5 oz/2/3 tasse de beurre ou de margarine, ramolli

100g/4oz/½ tasse de cassonade douce

45 ml/3 cuillères à soupe de miel pur

3 oeufs, battus

225 g/8 oz/2 tasses de farine auto-levante (auto-levante)

100 g/4 oz/1 tasse de noisettes moulues

45 ml/3 cuillères à soupe de lait

Glaçage au beurre

Mélanger le beurre ou la margarine, le sucre et le miel jusqu'à consistance légère et mousseuse. Incorporer progressivement les œufs, puis ajouter la farine et les noisettes et suffisamment de lait pour obtenir une pâte molle. Placer dans un plat micro-ondable 18 cm/7 et cuire à feu moyen pendant 7 minutes. Laisser refroidir dans le moule pendant 5 minutes, puis démouler sur une grille pour refroidir. Coupez le gâteau en deux horizontalement, puis étalez le glaçage au beurre (glaçage) dessus.

# *Barres de muesli moelleuses au micro-ondes*

Donne environ 10

100g/4oz/½ tasse de beurre ou de margarine

175 g/6 oz/½ tasse de miel pur

50 g/2 oz/1/3 tasse d'abricots secs préparés, hachés

50 g/2 oz/1/3 tasse de dattes dénoyautées, tranchées

75 g/3 oz/¾ tasse de noix mélangées hachées

100 g/4 oz/1 tasse de flocons d'avoine

100g/4oz/½ tasse de cassonade douce

1 oeuf, battu

25 g/1 oz/2 cuillères à soupe de farine auto-levante (auto-levante)

Mettre le beurre ou la margarine et le miel dans un bol et cuire à feu vif pendant 2 minutes. Mélanger tous les ingrédients restants. Verser dans un moule de 20 cm/8 allant au micro-ondes et cuire au micro-ondes à puissance élevée pendant 8 minutes. Laisser refroidir un peu, puis couper en carrés ou en tranches.

# *Gâteau aux noix au four à micro-ondes*

Pour un gâteau de 20 cm/8

150g/5oz/1¼ tasses de farine ordinaire (tout usage)

Pincée de sel

5 ml/1 cuillère à café de cannelle moulue

75 g/3 oz/1/3 tasse de cassonade douce

75 g/3 oz/1/3 tasse de sucre en poudre (superfin)

75 ml/5 cuillères à soupe d'huile

25 g/1 oz/¼ tasse de noix hachées

5 ml/1 cuillère à café de levure chimique

2,5 ml/½ cuillère à café de bicarbonate de soude (bicarbonate de soude)

1 oeuf

150 ml/¼ pt/2/3 tasse de lait aigre

Mélanger la farine, le sel et la moitié de la cannelle. Incorporer les sucres, puis incorporer l'huile jusqu'à ce qu'ils soient bien mélangés. Prélevez 90 ml/6 cuillères à soupe du mélange et mélangez-les aux noix et à la cannelle restante. Ajouter la poudre à pâte, le bicarbonate de soude, l'œuf et le lait au mélange et battre jusqu'à consistance lisse. Verser le mélange principal dans un moule graissé et fariné allant au micro-ondes de 20 cm/8 et saupoudrer le mélange de noix sur le dessus. Cuire au micro-ondes à puissance élevée pendant 8 minutes. Laisser refroidir dans le récipient pendant 10 minutes et servir encore chaud.

# *Gâteau au jus d'orange au micro-ondes*

Pour un gâteau de 20 cm/8

250 g/9 oz/2¼ tasses de farine ordinaire (tout usage)

225 g/8 oz/1 tasse de sucre cristallisé

15 ml/1 cuillère à soupe de levure chimique

2,5 ml/½ cuillère à café de sel

60 ml/4 cuillères à soupe d'huile

250 ml/8 oz/2 tasses de jus d'orange

2 œufs, séparés

100g/4oz/½ tasse de sucre dur (superfin)

Glaçage au beurre d'orange

Glaçage Glacé à l'Orange

Mélanger la farine, le sucre cristallisé, la levure chimique, le sel, l'huile et la moitié du jus d'orange et battre jusqu'à ce que le tout soit bien mélangé. Fouetter les jaunes d'œufs et le jus d'orange restant jusqu'à consistance légère et mousseuse. Battre les blancs d'œufs en neige ferme, puis ajouter la moitié du sucre et battre jusqu'à ce qu'ils soient fermes et brillants. Incorporer le reste du sucre, puis incorporer les blancs d'œufs au mélange à gâteau. Répartir dans deux moules de 20 cm/8 graissés et farinés allant au micro-ondes et chauffer chacun individuellement à puissance élevée pendant 6 à 8 minutes. Sortir du four, couvrir de papier d'aluminium et laisser refroidir 5 minutes, puis démouler sur une grille pour refroidir. Empilez les gâteaux avec le glaçage à la crème au beurre à l'orange (glaçage) et étalez le glaçage à l'orange sur le dessus.

# *Pavlova au micro-ondes*

Pour un gâteau de 23 cm/9

4 blancs d'œufs

225 g/8 oz/1 tasse de sucre granulé (superfin)

2,5 ml/½ cuillère à café d'essence de vanille (extrait)

Quelques gouttes de vinaigre de vin

150 ml/¼ pt/2/3 tasse de crème fouettée

1 kiwi, tranché

100 g/4 oz de fraises tranchées

Battez les blancs d'œufs jusqu'à ce qu'ils forment des pics mous. Saupoudrer la moitié du sucre et bien battre. Ajouter graduellement le sucre restant, l'essence de vanille et le vinaigre et battre jusqu'à dissolution. Étalez le mélange en cercle de 23 cm/9 sur une feuille de papier cuisson. Cuire au micro-ondes à puissance élevée pendant 2 minutes. Laisser au micro-ondes porte ouverte pendant 10 minutes. A la sortie du four, déchirez le papier sulfurisé et laissez refroidir. Fouettez la crème jusqu'à consistance ferme et étalez-la sur le dessus de la meringue. Disposez joliment les fruits sur le dessus.

# *Pâtisseries au four à micro-ondes*

Pour un gâteau de 20 cm/8

225 g/8 oz/2 tasses de farine ordinaire (tout usage)

15 ml/1 cuillère à soupe de levure chimique

50g/2oz/¼ tasse de sucre en poudre (superfin)

100g/4oz/½ tasse de beurre ou de margarine

75 ml/5 cuillères à soupe de crème liquide (légère)

1 oeuf

Mélanger la farine, la levure chimique et le sucre, puis incorporer le beurre ou la margarine jusqu'à ce que le mélange ressemble à de la chapelure. Mélanger la crème et les œufs ensemble, puis incorporer au mélange de farine jusqu'à l'obtention d'une pâte molle. Presser dans un plat graissé de 20 cm/8 allant au micro-ondes et cuire au micro-ondes à puissance élevée pendant 6 minutes. Laisser reposer 4 minutes puis démouler et finir de refroidir sur une grille.

# Shortcakes aux fraises au micro-ondes

Pour un gâteau de 20 cm/8

900g/2lb de fraises, coupées en tranches épaisses

225 g/8 oz/1 tasse de sucre granulé (superfin)

225 g/8 oz/2 tasses de farine ordinaire (tout usage)

15 ml/1 cuillère à soupe de levure chimique

175 g/6 oz/¾ tasse de beurre ou de margarine

75 ml/5 cuillères à soupe de crème liquide (légère)

1 oeuf

150 ml/¼ pt/2/3 tasse de crème à fouetter double (lourde)

Mélanger les fraises avec 175 g/6 oz/¾ tasse de sucre, puis réfrigérer pendant au moins 1 heure.

Mélanger la farine, la levure chimique et le reste du sucre, puis incorporer 100 g de beurre ou de margarine jusqu'à ce que le mélange ressemble à de la chapelure. Mélanger une crème et un œuf ensemble, puis incorporer au mélange de farine jusqu'à l'obtention d'une pâte molle. Presser dans un plat graissé de 20 cm/8 allant au micro-ondes et cuire au micro-ondes à puissance élevée pendant 6 minutes. Laisser reposer 4 minutes, puis retourner et couper au milieu encore chaud. Laissez refroidir.

Tartiner les deux surfaces coupées avec le reste du beurre ou de la margarine. Étaler un tiers de la crème fouettée sur le fond, puis recouvrir des trois quarts des fraises. Couvrir avec un autre tiers de la crème, puis déposer le deuxième gâteau dessus. Saupoudrer le reste de crème et de fraises sur le dessus.

# *Biscuit au four à micro-ondes*

Pour un gâteau de 18 cm/7

150g/5oz/1¼ tasses de farine auto-levante (auto-levante)

100g/4oz/½ tasse de beurre ou de margarine

100g/4oz/½ tasse de sucre dur (superfin)

2 oeufs

30 ml/2 cuillères à soupe de lait

Battre tous les ingrédients jusqu'à consistance lisse. Placer dans un plat micro-ondable à fond chemisé de 18 cm/7 et cuire au micro-ondes à puissance moyenne pendant 6 minutes. Laisser refroidir dans le moule pendant 5 minutes, puis démouler sur une grille pour refroidir.

# *Assiettes micro-ondes Sultana*

Faire 12

175 g/6 oz/¾ tasse de beurre ou de margarine

100g/4oz/½ tasse de sucre dur (superfin)

15 ml / 1 cuillère à soupe de sirop doré (maïs léger)

75 g/3 oz/½ tasse de raisins secs (raisins dorés)

5 ml/1 cuillère à café de zeste de citron râpé

225 g/8 oz/2 tasses de farine auto-levante (auto-levante)

Pour le glaçage (glaçage) :
175 g/6 oz/1 tasse de sucre en poudre (confiserie).

30 ml/2 cuillères à soupe de jus de citron

Faire chauffer le beurre ou la margarine, le sucre semoule et le sirop au micro-ondes pendant 2 minutes. Incorporer les raisins secs et le zeste de citron. Incorporer la farine. Verser dans un plat carré de 20 cm/8 graissé et chemisé allant au micro-ondes et cuire au micro-ondes à puissance moyenne pendant 8 minutes jusqu'à ce qu'il soit ferme. Laisser refroidir légèrement.

Mettez le sucre en poudre dans un bol et faites un puits au milieu. Incorporer progressivement le jus de citron pour obtenir un glaçage lisse. Pendant qu'il est encore chaud, étalez-le sur le gâteau et laissez-le refroidir complètement.

# *Biscuits aux pépites de chocolat au micro-ondes*

Faites-le 24

225 g/8 oz/1 tasse de beurre ou de margarine, ramolli

100g/4oz/½ tasse de cassonade foncée

5 ml/1 cuillère à café d'essence de vanille (extrait)

225 g/8 oz/2 tasses de farine auto-levante (auto-levante)

50g/2oz/½ tasse de poudre de chocolat à boire

Crémer ensemble le beurre, le sucre et l'essence de vanille jusqu'à consistance légère et mousseuse. Incorporer progressivement la farine et le chocolat et mélanger une pâte lisse. Façonnez des boules de la taille d'une noix, placez-en six sur un plateau graissé allant au micro-ondes (biscuit) et aplatissez-les légèrement avec une fourchette. Chauffer chaque lot au micro-ondes à puissance élevée pendant 2 minutes jusqu'à ce que tous les biscuits (cookies) soient cuits. Laisser refroidir sur une grille.

# Biscuits à la noix de coco au micro-ondes

Faites-le 24

50 g/2 oz/¼ tasse de beurre ou de margarine, ramolli

75 g/3 oz/1/3 tasse de sucre en poudre (superfin)

1 oeuf, légèrement battu

2,5 ml/½ cuillère à café d'essence de vanille (extrait)

75 g/3 oz/¾ tasse de farine ordinaire (tout usage)

25 g/1 oz/¼ tasse de noix de coco déshydratée (râpée)

Pincée de sel

30 ml/2 cuillères à soupe de confiture de fraise (conserve)

Battre le beurre ou la margarine et le sucre jusqu'à consistance légère et mousseuse. Incorporer l'œuf et l'essence de vanille en alternance avec la farine, la noix de coco et le sel et mélanger en une pâte lisse. Former des boules de la taille d'une noix et en placer six sur une plaque de cuisson graissée allant au micro-ondes (biscuits), puis appuyer légèrement avec une fourchette pour les aplatir légèrement. Cuire au micro-ondes à puissance élevée pendant 3 minutes jusqu'à ce qu'ils soient fermes. Transférer sur une grille et déposer une cuillerée de confiture au centre de chaque biscuit. Répéter avec les biscuits restants.

# *Florentins au micro-ondes*

Faire 12

50 g/2 oz/¼ tasse de beurre ou de margarine

50g/2oz/¼ tasse de sucre demerara

15 ml / 1 cuillère à soupe de sirop doré (maïs léger)

50 g/2 oz/¼ tasse de cerises glacées (confites)

75 g/3 oz/¾ tasse de noix hachées

25 g/1 oz/3 cuillères à soupe de raisins secs (raisins dorés)

25 g/1 oz/¼ tasse d'amandes effilées

30 ml/2 cuillères à soupe d'écorces mixtes hachées (confites)

25 g/1 oz/¼ tasse de farine ordinaire (tout usage)

100 g/4 oz/1 tasse de chocolat nature (mi-sucré), brisé (facultatif)

Chauffer le beurre ou la margarine, le sucre et le sirop au micro-ondes pendant 1 minute jusqu'à ce qu'ils soient fondus. Incorporer les cerises, les noix, les raisins secs et les amandes, puis incorporer les écorces et la farine mélangées. Placer des cuillerées à thé de mélange, bien espacées, sur du papier graissé (ciré) et cuire quatre à la fois à feu vif pendant 1 ½ minute chaque lot. Lissez les bords avec un couteau, laissez refroidir sur le papier pendant 3 minutes, puis transférez sur une grille pour refroidir. Répéter avec les biscuits restants. Si désiré, faire fondre le chocolat dans un bol pendant 30 secondes et l'étaler sur une face des florentins, puis laisser prendre.

# Biscuits aux noisettes et cerises au micro-ondes

Faites-le 24

100 g/4 oz/½ tasse de beurre ou de margarine, ramolli

100g/4oz/½ tasse de sucre dur (superfin)

1 oeuf, battu

175g/6oz/1½ tasses de farine ordinaire (tout usage)

50 g/2 oz/½ tasse de noisettes moulues

100 g/4 oz/½ tasse de cerises glacées (confites)

Battre le beurre ou la margarine et le sucre jusqu'à consistance légère et mousseuse. Incorporer progressivement l'œuf, puis ajouter la farine, les noisettes et les cerises. Placer des cuillerées uniformément espacées sur des plaques à pâtisserie pour micro-ondes (biscuits) et cuire au micro-ondes huit biscuits (biscuits) à la fois à puissance élevée pendant environ 2 minutes jusqu'à ce qu'ils soient fermes.

# *Biscuits Sultana au micro-ondes*

Faites-le 24

225 g/8 oz/2 tasses de farine ordinaire (tout usage)

5 ml/1 cuillère à café d'épices mélangées moulues (tarte aux pommes).

175 g/6 oz/¾ tasse de beurre ou de margarine, ramolli

100 g/4 oz/2/3 tasse de raisins secs (raisins dorés)

175g/6oz/¾ tasse de sucre demerara

Mélanger le mélange de farine et d'épices, puis incorporer le beurre ou la margarine, les raisins secs et 100 g/4 oz/½ tasse de sucre pour former une pâte molle. Rouler en deux boudins d'environ 18 cm/7 de long et rouler dans le sucre restant. Couper en tranches et disposer six à la fois sur une plaque à pâtisserie graissée (à biscuits) au micro-ondes et au micro-ondes pendant 2 minutes. Laisser refroidir sur une grille et répéter avec les biscuits restants.

# *Pain aux bananes au micro-ondes*

Donne un pain de 450g/1lb

75 g/3 oz/1/3 tasse de beurre ou de margarine, ramolli

175g/6oz/¾ tasse de sucre (superfin)

2 oeufs, légèrement battus

200g/7oz/1¾ tasse de farine ordinaire (tout usage)

10 ml / 2 cuillères à café de levure chimique

2,5 ml/½ cuillère à café de bicarbonate de soude (bicarbonate de soude)

Pincée de sel

2 bananes mûres

15 ml/1 cuillère à soupe de jus de citron

60 ml/4 cuillères à soupe de lait

50 g/2 oz/½ tasse de noix, hachées

Battre le beurre ou la margarine et le sucre jusqu'à consistance légère et mousseuse. Incorporer progressivement les œufs, puis incorporer la farine, la levure chimique, le bicarbonate de soude et le sel. Écrasez les bananes avec le jus de citron, puis mélangez-les au mélange avec le lait et les noix. Placer dans un moule à pain micro-ondes de 450 g / 1 lb graissé et fariné et cuire au micro-ondes à puissance élevée pendant 12 minutes. Sortir du four, couvrir de papier d'aluminium et laisser refroidir 10 minutes, puis démouler sur une grille pour refroidir.

# *Pain au fromage au micro-ondes*

Donne un pain de 450g/1lb

50 g/2 oz/¼ tasse de beurre ou de margarine

250 ml/8 oz/1 tasse de lait

2 oeufs, légèrement battus

225 g/8 oz/2 tasses de farine ordinaire (tout usage)

10 ml / 2 cuillères à café de levure chimique

10 ml/2 cuillères à café de moutarde en poudre

2,5 ml/½ cuillère à café de sel

175 g/6 oz/1½ tasse de fromage cheddar, râpé

Faire fondre le beurre ou la margarine dans un petit bol à feu vif pendant 1 minute. Mélanger le lait et les œufs. Mélanger la farine, la levure chimique, la moutarde, le sel et 100 g/4 oz/1 tasse de fromage. Incorporer le mélange de lait jusqu'à ce qu'il soit bien mélangé. Placer dans un moule à pain allant au micro-ondes (casserole) et cuire au micro-ondes à puissance élevée pendant 9 minutes. Saupoudrer du reste de fromage, couvrir de papier d'aluminium et laisser reposer 20 minutes.

# *Pain aux noix au micro-ondes*

Donne un pain de 450g/1lb

225 g/8 oz/2 tasses de farine ordinaire (tout usage)

300g/10oz/1¼ tasses de sucre granulé (superfin)

5 ml/1 cuillère à café de levure chimique

Pincée de sel

100 g/4 oz/½ tasse de beurre ou de margarine, ramolli

150 ml/¼ pt/2/3 tasse de lait

2,5 ml/½ cuillère à café d'essence de vanille (extrait)

4 blancs d'œufs

50 g/2 oz/½ tasse de noix, hachées

Mélanger la farine, le sucre, la levure chimique et le sel. Battre le beurre ou la margarine, puis le lait et l'essence de vanille. Battre les blancs d'œufs en neige jusqu'à ce qu'ils soient crémeux, puis incorporer les noix. Placer dans un moule à pain micro-ondes de 450 g / 1 lb graissé et fariné et cuire au micro-ondes à puissance élevée pendant 12 minutes. Sortir du four, couvrir de papier d'aluminium et laisser refroidir 10 minutes, puis démouler sur une grille pour refroidir.

## *Gâteau Amaretti sans cuisson*

Pour un gâteau de 20 cm/8

100g/4oz/½ tasse de beurre ou de margarine

175g/6oz/1½ tasses de chocolat nature (mi-sucré)

75 g de biscuits Amaretti (biscuits), grossièrement écrasés

175 g/6 oz/1½ tasse de noix hachées

50 g/2 oz/½ tasse de pignons de pin

75 g/3 oz/1/3 tasse de cerises glacées (confites), hachées

30 ml/2 cuillères à soupe de Grand Marnier

225 g/8 oz/1 tasse de fromage Mascarpone

Faire fondre le beurre ou la margarine et le chocolat dans un bol résistant à la chaleur posé sur une casserole d'eau légèrement frémissante. Retirer du feu et incorporer les biscuits, les noix et les cerises. Placer dans un moule à sandwich (casserole) tapissé de film alimentaire (pellicule plastique) et presser légèrement. Réfrigérer pendant 1 heure jusqu'à ce qu'il soit pris. Retourner sur un plat de service et retirer le film alimentaire. Fouetter le Grand Marnier dans le Mascarpone et verser sur la base.

# Barres de riz croustillantes américaines

Donne environ 24 bâtonnets

50 g/2 oz/¼ tasse de beurre ou de margarine

225 g/8 oz de guimauve blanche

5 ml/1 cuillère à café d'essence de vanille (extrait)

150 g/5 oz/5 tasses de flocons de riz soufflé

Faire fondre le beurre ou la margarine dans une grande casserole à feu doux. Ajouter les guimauves et cuire, en remuant constamment, jusqu'à ce que les guimauves aient fondu et que le mélange soit sirupeux. Retirer du feu et ajouter l'essence de vanille. Incorporer les flocons de riz jusqu'à ce qu'ils soient uniformément enrobés. Presser dans un moule carré de 23cm/9 et couper en barres. Laisser durcir.

# Carrés aux abricots

Faire 12

50 g/2 oz/¼ tasse de beurre ou de margarine

175 g/6 oz/1 petite boîte de lait évaporé

15 ml/1 cuillère à soupe de miel pur

45 ml/3 cuillères à soupe de jus de pomme

50 g/2 oz/¼ tasse de cassonade douce

50 g/2 oz/1/3 tasse de raisins secs (raisins dorés)

225 g/8 oz/11/3 tasses d'abricots séchés préparés, hachés

100 g/4 oz/1 tasse de noix de coco déshydratée (râpée)

225 g/8 oz/2 tasses de flocons d'avoine

Faire fondre le beurre ou la margarine avec le lait, le miel, le jus de pomme et le sucre. Mélanger les ingrédients restants. Presser dans un moule graissé de 25 cm/12 (plaque à pâtisserie) et laisser refroidir avant de couper en carrés.

# *Gâteau suisse aux abricots*

Pour un gâteau de 23 cm/9

400g/14oz/1 grande boîte de moitiés d'abricots, jus égoutté et réservé

50g/2oz/½ tasse de pouding en poudre

75 g/3 oz/¼ tasse de gelée d'abricot (conserve transparente)

75 g/3 oz/½ tasse d'abricots secs préparés, hachés

400g/14oz/1 grande boîte de lait concentré

225 g/8 oz/1 tasse de fromage cottage

45 ml/3 cuillères à soupe de jus de citron

1 rouleau suisse, tranché

Compléter le jus d'abricot avec de l'eau pour obtenir 500 ml/17 fl oz/2¼ tasses. Mélangez la poudre de pudding avec un peu de liquide pour obtenir une pâte, puis faites bouillir le reste. Incorporer la pâte à crème et la gelée d'abricot et cuire, en remuant constamment, jusqu'à consistance épaisse et brillante. Écrasez les abricots en conserve et ajoutez-les au mélange avec les abricots secs. Laisser refroidir en remuant de temps en temps.

Fouettez ensemble le lait concentré, le fromage cottage et le jus de citron jusqu'à ce qu'ils soient bien mélangés, puis incorporez-les au mélange de gelée. Tapisser un moule à cake de 23 cm/9 et (moule à pâtisserie) de film alimentaire (pellicule plastique) et disposer les tranches de croustillant au fond et sur les côtés du moule. Verser le mélange à gâteau et réfrigérer jusqu'à consistance ferme. Retourner délicatement au moment de servir.

# *Biscuits écrasés*

Faire 12

100g/4oz/½ tasse de beurre ou de margarine

30 ml/2 cuillères à soupe de sucre en poudre (superfin)

15 ml / 1 cuillère à soupe de sirop doré (maïs léger)

30 ml/2 cuillères à soupe de poudre de cacao (chocolat non sucré)

225 g/8 oz/2 tasses de miettes de biscuits écrasées (biscuit).

50 g/2 oz/1/3 tasse de raisins secs (raisins dorés)

Faire fondre le beurre ou la margarine avec le sucre et le sirop sans laisser bouillir. Incorporer le cacao, les biscuits et les raisins secs. Presser dans un moule graissé de 25 cm/10 (moule à pâtisserie), laisser refroidir, puis réfrigérer jusqu'à ce qu'il soit ferme. Couper en carrés.

# *Babeurre sans cuisson*

Pour un gâteau de 23 cm/9

30 ml/2 cuillères à soupe de poudre à pudding

100g/4oz/½ tasse de sucre dur (superfin)

450 ml/¾ pt/2 tasses de lait

175 ml/6 oz liq./¾ tasse de babeurre

25 g/1 oz/2 cuillères à soupe de beurre ou de margarine

400 g/12 oz de biscuits nature (biscuits), écrasés

120 ml/4 fl oz/½ tasse de crème fouettée

Mélanger la crème en poudre et le sucre en pâte avec un peu de lait. Faire bouillir le lait restant. Incorporer à la pâte, puis remettre l'ensemble du mélange dans la casserole et remuer à feu doux pendant environ 5 minutes jusqu'à ce qu'il épaississe. Incorporer le babeurre et le beurre ou la margarine. Étalez le mélange de biscuits émiettés et de crème dans un plat allant au four de 23 cm/9 (plaque à pâtisserie) tapissé d'un film alimentaire (film plastique) ou d'un plat en verre. Presser doucement et réfrigérer jusqu'à ce qu'il soit pris. Fouettez la crème jusqu'à consistance ferme, puis étalez les fleurs de crème sur le dessus du gâteau. Servir dans une assiette ou soulever délicatement pour servir.

# *Tranche de châtaigne*

Donne un pain de 900 g/2 lb

225 g/8 oz/2 tasses de chocolat nature (mi-sucré)

100 g/4 oz/½ tasse de beurre ou de margarine, ramolli

100g/4oz/½ tasse de sucre dur (superfin)

450 g/1 lb/1 grande boîte de purée de marrons non sucrée

25 g/1 oz/¼ tasse de farine de riz

Quelques gouttes d'essence de vanille (extrait)

150 ml/¼ pt/2/3 tasse de crème à fouetter, fouettée

Chocolat râpé pour la décoration

Faire fondre le chocolat noir dans un bol résistant à la chaleur au-dessus d'une casserole d'eau légèrement frémissante. Battre le beurre ou la margarine et le sucre jusqu'à consistance légère et mousseuse. Battre la purée de marrons, le chocolat, la farine de riz et l'essence de vanille. Verser dans un moule à pain graissé et tapissé de 900 g/2 lb (moule) et réfrigérer jusqu'à ce qu'il soit ferme. Garnir de chantilly et de chocolat râpé avant de servir.

# *Biscuit aux châtaignes*

Donne un gâteau de 900 g/2 lb

Pour le gâteau :

400g/14oz/1 grande boîte de purée de marrons sucrée

100 g/4 oz/½ tasse de beurre ou de margarine, ramolli

1 oeuf

Quelques gouttes d'essence de vanille (extrait)

30 ml/2 cuillères à soupe de cognac

24 biscottes

Pour le glaçage:

30 ml/2 cuillères à soupe de poudre de cacao (chocolat non sucré)

15 ml/1 cuillère à soupe de sucre (surfin).

30 ml/2 cuillères à soupe d'eau

Pour la crème au beurre :

100 g/4 oz/½ tasse de beurre ou de margarine, ramolli

100 g/4 oz/2/3 tasse de sucre (de confiserie), tamisé

15 ml/1 cuillère à soupe d'essence de café (extrait)

Pour le gâteau, mélanger la purée de marrons, le beurre ou la margarine, l'œuf, l'essence de vanille et 15 ml/1 cuillère à soupe de cognac et battre jusqu'à consistance lisse. Graisser et tapisser un moule à pain de 900 g/2 lb (plaque de cuisson) et tapisser le fond et les côtés avec des doigts spongieux. Saupoudrez les biscuits avec le brandy restant et versez le mélange de marrons au centre. Refroidir jusqu'à solidité.

Soulevez du moule et retirez le papier de revêtement. Dissoudre les ingrédients du glaçage dans un bol résistant à la chaleur placé au-dessus d'une casserole d'eau frémissante et remuer jusqu'à consistance lisse. Laisser refroidir légèrement, puis badigeonner le dessus du gâteau avec la majeure partie du glaçage. Mélangez les ingrédients de la crème au beurre jusqu'à consistance lisse, puis roulez-les en tourbillons autour du bord du gâteau. Pour finir, arroser avec le glaçage conservé.

# *Barres au chocolat et aux amandes*

Faire 12

175g/6oz/1½ tasses de chocolat nature (mi-sucré), haché

3 œufs, séparés

120 ml/4 oz/½ tasse de lait

10 ml/2 cuillères à café de gélatine en poudre

120 ml / 4 fl oz / ½ tasse de crème double (lourde)

45 ml/3 cuillères à soupe de sucre en poudre (superfin)

60 ml/4 cuillères à soupe d'amandes effilées (tranchées), grillées

Faire fondre le chocolat dans un bol résistant à la chaleur placé au-dessus d'une casserole d'eau légèrement frémissante. Retirer du feu et battre les jaunes d'œufs. Faire bouillir le lait dans une casserole à part, puis incorporer la gélatine. Incorporer au mélange de chocolat, puis à la crème. Battez les blancs d'œufs en neige, puis ajoutez le sucre et battez à nouveau jusqu'à ce qu'ils soient fermes et brillants. Incorporer au mélange. Verser dans un moule à pain graissé et tapissé de 450 g/1 lb (moule à pâtisserie), saupoudrer d'amandes grillées et laisser refroidir, puis réfrigérer pendant au moins 3 heures jusqu'à ce qu'il soit pris. Retourner et couper en tranches épaisses pour servir

# *Gâteau fondant au chocolat*

Donne un pain de 450g/1lb

**150 g/5 oz/2/3 tasse de beurre ou de margarine**

30 ml / 2 cuillères à soupe de sirop doré (maïs clair)

175g/6oz/1½ tasses Biscuits Digestifs (Graham Crackers)

50 g/2 oz/2 tasses de flocons de riz soufflé

25 g/1 oz/3 cuillères à soupe de raisins secs (raisins dorés)

25 g/1 oz/2 cuillères à soupe de cerises glacées (confites), hachées

225 g/8 oz/2 tasses de pépites de chocolat

30 ml/2 cuillères à soupe d'eau

175 g/6 oz/1 tasse de sucre en poudre (de confiserie), tamisé

Faire fondre 100 g de beurre ou de margarine avec le sirop, puis retirer du feu et incorporer les miettes de biscuits, les flocons, les raisins secs, les cerises et les trois quarts des pépites de chocolat. Verser dans un moule à pain graissé et chemisé de 450 g/1 lb (moule à pâtisserie) et lisser le dessus. Refroidir jusqu'à solidité. Faire fondre le reste du beurre ou de la margarine avec le reste du chocolat et de l'eau. Incorporer le sucre en poudre et mélanger jusqu'à consistance lisse. Sortez le gâteau du moule et coupez-le en deux dans le sens de la longueur. Mettez le sandwich avec la moitié du glaçage au chocolat (glaçage) sur une assiette de service, puis recouvrez avec le glaçage restant. Refroidir avant de servir.

# *Carrés de chocolat*

Donne environ 24

225g/8oz biscuits digestifs (biscuits graham)

100g/4oz/½ tasse de beurre ou de margarine

25 g/1 oz/2 cuillères à soupe de sucre en poudre (superfin)

15 ml / 1 cuillère à soupe de sirop doré (maïs léger)

45 ml/3 cuillères à soupe de poudre de cacao (chocolat non sucré)

200g/7oz/1¾ tasse de garniture pour gâteau au chocolat

Placer les biscuits dans un sac en plastique et les écraser avec un rouleau à pâtisserie. Faire fondre le beurre ou la margarine dans une casserole, puis incorporer le sucre et le sirop. Retirer du feu et incorporer la chapelure de biscuits et le cacao. Verser dans un moule à gâteau carré de 18 cm/7 de diamètre graissé et chemisé et presser uniformément. Laisser refroidir, puis réfrigérer jusqu'à consistance ferme.

Faire fondre le chocolat dans un bol résistant à la chaleur placé au-dessus d'une casserole d'eau légèrement frémissante. Étaler sur le biscuit, marquer des lignes avec une fourchette pendant qu'il durcit. Couper étroitement en carrés.

# *Gâteau de refroidissement au chocolat*

Donne un gâteau de 450g/1lb

100g/4oz/½ tasse de cassonade douce

100g/4oz/½ tasse de beurre ou de margarine

50g/2oz/½ tasse de poudre de chocolat à boire

25 g/1 oz/¼ tasse de poudre de cacao (chocolat non sucré)

30 ml / 2 cuillères à soupe de sirop doré (maïs clair)

150 g/5 oz de biscuits digestifs (biscuits graham) ou de biscuits riches en thé

50 g/2 oz/¼ tasse de cerises glacées (confites) ou un mélange de noix et de raisins secs

100 g/4 oz/1 tasse de chocolat au lait

Mettez le sucre, le beurre ou la margarine, le chocolat à boire, le cacao et le sirop dans une casserole et remuez bien jusqu'à ce que le beurre fonde. Retirer du feu et émietter les biscuits. Incorporer les cerises ou les noix et les raisins secs et verser dans un moule de 450 g (plaque de cuisson). Laisser refroidir au réfrigérateur.

Faire fondre le chocolat dans un bol résistant à la chaleur au-dessus d'une casserole d'eau légèrement frémissante. Étalez le gâteau refroidi dessus et coupez-le en tranches.

# *Gâteau au chocolat et aux fruits*

Pour un gâteau de 18 cm/7

100 g/4 oz/½ tasse de beurre ou de margarine, fondu

100g/4oz/½ tasse de cassonade douce

225 g/8 oz/2 tasses de miettes de biscuits digestifs (Graham Cracker)

50 g/2 oz/1/3 tasse de raisins secs (raisins dorés)

45 ml/3 cuillères à soupe de poudre de cacao (chocolat non sucré)

1 oeuf, battu

Quelques gouttes d'essence de vanille (extrait)

Mélanger le beurre ou la margarine et le sucre, puis incorporer le reste des ingrédients et bien battre. Verser dans un moule à tarte graissé de 18 cm/7 et lisser la surface. Réfrigérer jusqu'à ce qu'il soit pris.

# *Carrés chocolat et gingembre*

Faites-le 24

100g/4oz/½ tasse de beurre ou de margarine

100g/4oz/½ tasse de cassonade douce

30 ml/2 cuillères à soupe de poudre de cacao (chocolat non sucré)

1 oeuf, légèrement battu

225 g/8 oz/2 tasses de chapelure de biscuits au gingembre (biscuit).

15 ml/1 cuillère à soupe de gingembre cristallisé (confit) haché

Faire fondre le beurre ou la margarine, puis incorporer le sucre et le cacao jusqu'à ce qu'ils soient bien mélangés. Incorporer l'œuf, la chapelure de biscuits et le gingembre. Presser dans un moule à roulé suisse (plat à gelée) et réfrigérer jusqu'à ce qu'il soit ferme. Couper en carrés.

# Carrés de luxe au chocolat et au gingembre

Faites-le 24

100g/4oz/½ tasse de beurre ou de margarine

100g/4oz/½ tasse de cassonade douce

30 ml/2 cuillères à soupe de poudre de cacao (chocolat non sucré)

1 oeuf, légèrement battu

225 g/8 oz/2 tasses de chapelure de biscuits au gingembre (biscuit).

15 ml/1 cuillère à soupe de gingembre cristallisé (confit) haché

100 g/4 oz/1 tasse de chocolat nature (mi-sucré)

Faire fondre le beurre ou la margarine, puis incorporer le sucre et le cacao jusqu'à ce qu'ils soient bien mélangés. Incorporer l'œuf, la chapelure de biscuits et le gingembre. Presser dans un moule à roulé suisse (plat à gelée) et réfrigérer jusqu'à ce qu'il soit ferme.

> Faire fondre le chocolat dans un bol résistant à la chaleur placé au-dessus d'une casserole d'eau légèrement frémissante. Répartir sur le gâteau et laisser durcir. Lorsque le chocolat est presque dur, coupez-le en carrés.

# *Biscuits aux pépites de chocolat au miel*

Faire 12

225 g/8 oz/1 tasse de beurre ou de margarine

30 ml/2 cuillères à soupe de miel pur

90 ml/6 cuillères à soupe de poudre de caroube ou de cacao (chocolat non sucré)

225 g/8 oz/2 tasses de miettes de biscuits sucrés (biscuits)

Faire fondre le beurre ou la margarine, le miel et la poudre de caroube ou de cacao dans une casserole pour bien mélanger. Mélanger les miettes de biscuits. Verser dans un moule carré graissé de 20 cm (plaque à pâtisserie) et laisser refroidir, puis couper en carrés.

# *Mille-feuilles au chocolat*

Donne un gâteau de 450g/1lb

300 ml/½ pt/1¼ tasse de crème double (épaisse)

225 g/8 oz/2 tasses de chocolat nature (mi-sucré), brisé

5 ml/1 cuillère à café d'essence de vanille (extrait)

20 biscuits nature (biscuits)

Faites chauffer la crème dans une casserole à feu doux jusqu'à ce qu'elle bout presque. Retirer du feu et ajouter le chocolat, remuer, couvrir et laisser reposer 5 minutes. Incorporer l'essence de vanille et remuer jusqu'à ce que le tout soit bien mélangé, puis réfrigérer jusqu'à ce que le mélange commence à épaissir.

Tapisser un moule à pain de 450 g (plaque de cuisson) de film alimentaire (pellicule plastique). Étalez la couche de chocolat sur le fond, puis étalez quelques biscuits sur le dessus. Continuez à faire le plein de chocolat et de biscuits jusqu'à ce que vous en manquiez. Terminez par une couche de chocolat. Couvrir d'un film alimentaire et mettre au frais au moins 3 heures. Retournez le gâteau et retirez le film alimentaire.

# *Belles barres de chocolat*

Faire 12

100g/4oz/½ tasse de beurre ou de margarine

30 ml / 2 cuillères à soupe de sirop doré (maïs clair)

30 ml/2 cuillères à soupe de poudre de cacao (chocolat non sucré)

225 g/8 oz/1 paquet de biscuits fins ou nature (biscuits), grossièrement écrasés

100g/4oz/1 tasse de chocolat nature (mi-sucré), coupé en dés

Faire fondre le beurre ou la margarine et le sirop, puis retirer du feu et incorporer le cacao et les biscuits écrasés. Répartir le mélange dans un moule carré de 23 cm/9 (plaque à pâtisserie) et niveler la surface. Faites fondre le chocolat dans un bol résistant à la chaleur au-dessus d'une casserole d'eau légèrement frémissante et étalez-le sur le dessus. Laisser refroidir légèrement, puis couper en barres ou en carrés et réfrigérer jusqu'à consistance ferme.

# *Carrés chocolat praliné*

Faire 12

100g/4oz/½ tasse de beurre ou de margarine

30 ml/2 cuillères à soupe de sucre en poudre (superfin)

15 ml / 1 cuillère à soupe de sirop doré (maïs léger)

15 ml/1 cuillère à soupe de chocolat à boire en poudre

225 g/8 oz de biscuits digestifs (biscuits graham), écrasés

200g/7oz/1¾ tasse de chocolat nature (mi-sucré)

100 g/4 oz/1 tasse de noix mélangées hachées

Faire fondre le beurre ou la margarine, le sucre, le sirop et le chocolat à boire dans une casserole. Porter à ébullition, puis laisser mijoter 40 secondes. Retirer du feu et incorporer les biscuits et les noix. Presser dans un moule beurré de 28 x 18 cm / 11 x 7 (28 x 18 cm) Faire fondre le chocolat dans un bol résistant à la chaleur sur une casserole d'eau frémissante. Répartir sur les biscuits et laisser refroidir, puis réfrigérer pendant 2 heures avant de couper en carrés.

# *Chips à la noix de coco*

Faire 12

100 g/4 oz/1 tasse de chocolat nature (mi-sucré)

30 ml/2 cuillères à soupe de lait

30 ml / 2 cuillères à soupe de sirop doré (maïs clair)

100 g/4 oz/4 tasses de flocons de riz soufflé

50 g/2 oz/½ tasse de noix de coco déshydratée (râpée)

Faire fondre le chocolat, le lait et le sirop dans une casserole. Retirer du feu et incorporer les flocons et la noix de coco. Verser dans des moules à cake en papier (papier cupcake) et laisser prendre.

# *Barres croquantes*

Faire 12

175 g/6 oz/¾ tasse de beurre ou de margarine

50 g/2 oz/¼ tasse de cassonade douce

30 ml / 2 cuillères à soupe de sirop doré (maïs clair)

45 ml/3 cuillères à soupe de poudre de cacao (chocolat non sucré)

75 g/3 oz/½ tasse de raisins secs ou de raisins secs (raisins dorés)

350 g/12 oz/3 tasses de flocons d'avoine

225 g/8 oz/2 tasses de chocolat nature (mi-sucré)

Faire fondre le beurre ou la margarine avec le sucre, le sirop et le cacao. Incorporer les raisins secs ou les raisins secs et les céréales. Presser le mélange dans un moule beurré de 25 cm/12 po (plaque à pâtisserie). Faire fondre le chocolat dans un bol résistant à la chaleur au-dessus d'une casserole d'eau légèrement frémissante. Diviser en barres et laisser refroidir, puis réfrigérer avant de couper en barres.

# *Chips à la noix de coco et aux raisins secs*

Faire 12

100 g/4 oz/1 tasse de chocolat blanc

30 ml/2 cuillères à soupe de lait

30 ml / 2 cuillères à soupe de sirop doré (maïs clair)

175 g/6 oz/6 tasses de flocons de riz soufflé

50 g/2 oz/1/3 tasse de raisins secs

Faire fondre le chocolat, le lait et le sirop dans une casserole. Retirer du feu et incorporer les céréales et les raisins secs. Verser dans des moules à cake en papier (papier cupcake) et laisser prendre.

# *Carrés au café et au lait*

Faire 20

25 g/1 oz/2 cuillères à soupe de poudre de gélatine

75 ml/5 cuillères à soupe d'eau froide

225 g/8 oz/2 tasses de chapelure de biscuits nature (biscuit).

50 g/2 oz/¼ tasse de beurre ou de margarine, fondu

400 g/14 oz/1 grande boîte de lait évaporé

150 g/5 oz/2/3 tasse de sucre en poudre (super fin)

400 ml/14 fl oz/1¾ tasse de café noir fort, glacé

Crème fouettée et tranches d'oranges confites (confites) pour la décoration

Saupoudrez la gélatine d'eau dans un bol et laissez-la devenir spongieuse. Placer le récipient dans une casserole d'eau chaude et laisser jusqu'à ce qu'il se dissolve. Laisser refroidir légèrement. Mélangez les miettes de biscuits au beurre fondu et pressez-les dans le fond et les côtés d'un moule rectangulaire beurré de 30 x 20 cm/12 x 8. Battez le lait évaporé jusqu'à ce qu'il épaississe, puis incorporez progressivement le sucre, puis la gélatine dissoute et café. Verser sur la base et réfrigérer jusqu'à ce qu'elle soit prise. Couper en carrés et décorer de crème fouettée et de tranches d'oranges confites (confites).

# *Gâteau aux fruits sans cuisson*

Pour un gâteau de 23 cm/9

450 g/1 lb/22/3 tasses de fruits séchés mélangés (mélange pour gâteau aux fruits)

450 g/1 lb de biscuits nature (biscuits), écrasés

100 g/4 oz/½ tasse de beurre ou de margarine, fondu

100g/4oz/½ tasse de cassonade douce

400g/14oz/1 grande boîte de lait concentré

5 ml/1 cuillère à café d'essence de vanille (extrait)

Mélanger tous les ingrédients jusqu'à ce qu'ils soient bien mélangés. Verser dans un moule graissé de 23 cm/9 (plaque à pâtisserie) tapissé de film alimentaire (film plastique) et presser. Refroidir jusqu'à solidité.

# *Carrés aux fruits*

Donne environ 12

100g/4oz/½ tasse de beurre ou de margarine

100g/4oz/½ tasse de cassonade douce

400g/14oz/1 grande boîte de lait concentré

5 ml/1 cuillère à café d'essence de vanille (extrait)

250g/9oz/1½ tasses de fruits séchés mélangés (mélange de gâteau aux fruits)

100 g/4 oz/½ tasse de cerises glacées (confites)

50 g/2 oz/½ tasse de noix mélangées hachées

400 g/14 oz de biscuits nature (biscuits), écrasés

Faire fondre le beurre ou la margarine et le sucre à feu doux. Incorporer le lait concentré et l'essence de vanille et retirer du feu. Mélanger les ingrédients restants. Presser dans un moule à rouleau graissé (plat à rouler) et réfrigérer pendant 24 heures jusqu'à consistance ferme. Couper en carrés.

# *Fruits et fibres*

Faire 12

100 g/4 oz/1 tasse de chocolat nature (mi-sucré)

50 g/2 oz/¼ tasse de beurre ou de margarine

15 ml / 1 cuillère à soupe de sirop doré (maïs léger)

100 g/4 oz/1 tasse de céréales pour petit-déjeuner aux fruits et fibres

Faire fondre le chocolat dans un bol résistant à la chaleur au-dessus d'une casserole d'eau légèrement frémissante. Battre le beurre ou la margarine et le sirop. Incorporer les céréales. Verser dans des moules à cake en papier (papier cupcake) et laisser refroidir et durcir.

# *Gâteau étagé au nougat*

Donne un gâteau de 900 g/2 lb

15 g/½ oz/1 cuillère à soupe de poudre de gélatine

100 ml/3½ fl oz/6½ cuillères à soupe d'eau

1 paquet de petites éponges

225 g/8 oz/1 tasse de beurre ou de margarine, ramolli

50g/2oz/¼ tasse de sucre en poudre (superfin)

400g/14oz/1 grande boîte de lait concentré

5 ml/1 cuillère à café de jus de citron

5 ml/1 cuillère à café d'essence de vanille (extrait)

5 ml/1 cuillère à café d'acide tartrique

100 g/4 oz/2/3 tasse de fruits séchés mélangés (mélange pour gâteau aux fruits), hachés

Saupoudrez la gélatine sur l'eau dans un petit bol, puis placez le bol dans une casserole d'eau chaude jusqu'à ce que la gélatine devienne claire. Refroidir légèrement. Tapisser un moule à pain de 900 g (moule à pâtisserie) de papier d'aluminium de manière à ce que le papier d'aluminium recouvre le dessus du moule, puis disposer la moitié des petites éponges au fond. Battre le beurre ou la margarine et le sucre jusqu'à consistance crémeuse, puis incorporer tous les ingrédients restants. Versez dans le plat allant au four et étalez les petites éponges restantes sur le dessus. Couvrir de papier d'aluminium et placer un poids dessus. Refroidir jusqu'à solidité.

# *Carrés de lait et noix de muscade*

Faire 20

### Pour le socle :

225 g/8 oz/2 tasses de chapelure de biscuits nature (biscuit).

30 ml/2 cuillères à soupe de cassonade douce

2,5 ml/½ cuillère à café de noix de muscade râpée

100 g/4 oz/½ tasse de beurre ou de margarine, fondu

### Pour le remplissage :

1,2 litre/2 pts/5 tasses de lait

25 g/1 oz/2 cuillères à soupe de beurre ou de margarine

2 œufs, séparés

225 g/8 oz/1 tasse de sucre granulé (superfin)

100 g/4 oz/1 tasse de semoule de maïs (fécule de maïs)

50 g/2 oz/½ tasse de farine ordinaire (tout usage)

5 ml/1 cuillère à café de levure chimique

Une pincée de muscade râpée

Noix de muscade râpée pour saupoudrer

Préparez la base en mélangeant la chapelure de biscuits, le sucre et la noix de muscade dans du beurre fondu ou de la margarine et pressez dans le fond d'un moule graissé de 30 x 20 cm/12 x 8.

Pour faire la garniture, porter à ébullition 1 quart/1¾ point/4¼ tasse de lait dans une grande casserole. Ajouter le beurre ou la margarine. Battre les jaunes d'œufs avec le reste du lait. Mélanger le sucre, la semoule de maïs, la farine, la levure chimique et la noix de muscade. Incorporer un peu de lait bouillant dans le mélange de jaunes d'œufs jusqu'à ce qu'il forme une pâte, puis incorporer la pâte dans le lait bouillant et remuer continuellement à feu doux pendant quelques minutes jusqu'à ce qu'elle épaississe. Retirer du feu. Battre les blancs d'œufs jusqu'à ce qu'ils forment des pics fermes et les incorporer au mélange. Verser sur le fond et saupoudrer généreusement de noix de muscade. Laisser refroidir, puis réfrigérer et couper en carrés avant de servir.

# *Croquant au muesli*

Donne environ 16 carrés

400g/14oz/3½ tasses de chocolat nature (mi-sucré)

45 ml/3 cuillères à soupe de sirop doré (maïs léger)

25 g/1 oz/2 cuillères à soupe de beurre ou de margarine

Environ 225 g/8 oz/2/3 tasse de muesli

Faire fondre la moitié du chocolat, du sirop et du beurre ou de la margarine. Incorporer graduellement suffisamment de muesli pour former un mélange épais. Presser dans un moule à rouleau graissé (roll pan). Faites fondre le reste du chocolat et versez-le doucement sur le dessus. Laisser refroidir au réfrigérateur avant de couper en carrés.

# *Carrés de mousse à l'orange*

Faire 20

25 g/1 oz/2 cuillères à soupe de poudre de gélatine

75 ml/5 cuillères à soupe d'eau froide

225 g/8 oz/2 tasses de chapelure de biscuits nature (biscuit).

50 g/2 oz/¼ tasse de beurre ou de margarine, fondu

400 g/14 oz/1 grande boîte de lait évaporé

150 g/5 oz/2/3 tasse de sucre en poudre (super fin)

400 ml/14 oz/1¾ tasse de jus d'orange

Crème fouettée et bonbons au chocolat pour la décoration

Saupoudrez la gélatine d'eau dans un bol et laissez-la devenir spongieuse. Placer le récipient dans une casserole d'eau chaude et laisser jusqu'à ce qu'il se dissolve. Laisser refroidir légèrement. Mélanger les miettes de biscuits dans le beurre fondu et les presser dans le fond et les côtés d'un plat allant au four graissé de 30 x 20 cm/12 x 8. Battre le lait jusqu'à épaississement, puis ajouter progressivement le sucre, puis la gélatine dissoute et le jus d'orange . Verser sur la base et réfrigérer jusqu'à ce qu'elle soit prise. Couper en carrés et décorer avec de la crème fouettée et des bonbons au chocolat.

# *Carrés aux cacahuètes*

Faites-en 18

225 g/8 oz/2 tasses de chapelure de biscuits nature (biscuit).

100 g/4 oz/½ tasse de beurre ou de margarine, fondu

225 g/8 oz/1 tasse de beurre de cacahuète croquant

25 g/1 oz/2 cuillères à soupe de cerises glacées (confites)

25 g/1 oz/3 cuillères à soupe de groseilles

Mélanger tous les ingrédients jusqu'à ce qu'ils soient bien mélangés. Presser dans un moule graissé de 25 cm/12 (moule à pâtisserie) et réfrigérer jusqu'à ce qu'il soit ferme, puis couper en carrés.

# Gâteaux au caramel à la menthe poivrée

Faire 16

400g/14oz/1 grande boîte de lait concentré

600 ml/1 pt/2½ tasses de lait

30 ml/2 cuillères à soupe de poudre à pudding

225 g/8 oz/2 tasses de miettes de biscuits digestifs (Graham Cracker)

100g/4oz/1 tasse de chocolat à la menthe poivrée, cassé en morceaux

Placez une boîte de lait concentré non ouverte dans une casserole remplie d'assez d'eau pour couvrir la boîte. Faire bouillir, couvrir et laisser bouillir 3 heures en ajoutant de l'eau bouillante si nécessaire. Laisser refroidir, puis ouvrir la boîte et retirer le caramel.

Chauffer 500 ml/17 fl oz/2¼ tasses de lait au caramel, porter à ébullition et remuer jusqu'à ce qu'il soit fondu. Mélangez la crème en poudre avec le reste du lait en une pâte, puis mélangez-la dans la casserole et continuez à mijoter, en remuant constamment, jusqu'à ce qu'elle épaississe. Saupoudrer la moitié de la chapelure de biscuits au fond d'un moule carré graissé de 20 cm (plaque de cuisson), puis déposer la moitié de la crème au caramel et saupoudrer de la moitié du chocolat. Répétez les couches, puis laissez refroidir. Laisser refroidir, puis couper en portions.

# *Biscuits au riz*

Faites-le 24

175 g/6 oz/½ tasse de miel pur

225 g/8 oz/1 tasse de sucre cristallisé

60 ml / 4 cuillères à soupe d'eau

350 g/12 oz/1 boîte de flocons de riz soufflés

100 g/4 oz/1 tasse de cacahuètes grillées

Faire fondre le miel, le sucre et l'eau dans une grande casserole et laisser refroidir 5 minutes. Incorporer les céréales et les cacahuètes. Rouler en boules, placer dans des moules à gâteaux en papier (papier cupcake) et laisser refroidir et durcir.

# *Toffet riz et chocolat*

Donne 225 g/8 oz

50 g/2 oz/¼ tasse de beurre ou de margarine

30 ml / 2 cuillères à soupe de sirop doré (maïs clair)

30 ml/2 cuillères à soupe de poudre de cacao (chocolat non sucré)

60 ml/4 cuillères à soupe de sucre en poudre (super fin)

50 g/2 oz/½ tasse de riz moulu

Faire fondre le beurre et le sirop. Incorporer le cacao et le sucre jusqu'à dissolution, puis incorporer le riz moulu. Porter à légère ébullition, réduire le feu et cuire doucement pendant 5 minutes en remuant constamment. Verser dans un moule carré de 20 cm/8 (moule à pâtisserie) graissé et chemisé et laisser refroidir légèrement. Couper en carrés, puis laisser refroidir complètement avant de démouler.

# *Pate d'amande*

Couvre le dessus et les côtés d'un gâteau de 23cm/9

225 g/8 oz/2 tasses d'amandes moulues

225 g/8 oz/11/3 tasses de sucre (de confiserie), tamisé

225 g/8 oz/1 tasse de sucre granulé (superfin)

2 oeufs, légèrement battus

10 ml/2 cuillères à café de jus de citron

Quelques gouttes d'essence d'amande (extrait)

Battre les amandes et le sucre. Incorporer progressivement le reste des ingrédients jusqu'à obtenir une pâte lisse. Envelopper dans un film alimentaire (pellicule plastique) et réfrigérer avant utilisation.

# *Pâte d'amande sans sucre*

Couvre le dessus et les côtés d'un gâteau de 15 cm/6

100 g/4 oz/1 tasse d'amandes moulues

50 g/2 oz/½ tasse de fructose

25 g/1 oz/¼ tasse de semoule de maïs (fécule de maïs)

1 oeuf, légèrement battu

Mélanger tous les ingrédients jusqu'à obtenir une pâte lisse. Envelopper dans un film alimentaire (pellicule plastique) et réfrigérer avant utilisation.

# *Glaçage royal*

Couvre le dessus et les côtés d'un gâteau de 20 cm/8

5 ml/1 cuillère à café de jus de citron

2 blancs d'œufs

450g/1lb/22/3 tasses de sucre (de confiserie), tamisé

5 ml/1 cuillère à café de glycérine (facultatif)

Mélanger le jus de citron et les blancs d'œufs et incorporer graduellement le sucre en poudre jusqu'à ce que le glaçage (glaçage) soit lisse et blanc et nappera le dos d'une cuillère. Quelques gouttes de glycérine éviteront que le glaçage ne devienne trop cassant. Couvrir d'un linge humide et laisser reposer 20 minutes pour permettre aux éventuelles bulles d'air de remonter à la surface.

Le glaçage de cette consistance peut être versé sur le gâteau et lissé avec un couteau trempé dans de l'eau chaude. Pour la pipe, mélangez du sucre en poudre supplémentaire afin que le glaçage soit suffisamment ferme pour tenir dans les pics.

# Glaçage sans sucre

Assez pour couvrir un gâteau de 15 cm/6

50 g/2 oz/½ tasse de fructose

Pincée de sel

1 blanc d'oeuf

2,5 ml/½ cuillère à café de jus de citron

Mixez la poudre de fructose dans un robot culinaire jusqu'à ce qu'elle soit aussi fine que du sucre en poudre. Mélanger le sel. Transférer dans un bol résistant à la chaleur et incorporer le blanc d'œuf et le jus de citron. Placez le bol sur une casserole d'eau frémissante et continuez à fouetter jusqu'à ce que des pics fermes se forment. Retirer du feu et remuer jusqu'à refroidissement.

# *Glaçage fondant*

Assez pour couvrir un gâteau de 20 cm/8

450 g/1 lb/2 tasses de sucre granulé (superfin) ou granulé

150 ml/¼ pt/2/3 tasse d'eau

15 ml/1 cuillère à soupe de glucose liquide ou 2,5 ml/½ cuillère à café d'acide tartrique

Dissoudre le sucre dans l'eau dans une grande casserole à fond épais à feu doux. Essuyez les parois du plat allant au four avec un pinceau trempé dans de l'eau froide pour éviter la formation de cristaux. Dissoudre le tartre dans un peu d'eau, puis remuer dans la casserole. Faire bouillir et bouillir régulièrement à 115°C/242°F lorsqu'une goutte de glaçage forme une boule molle lorsqu'elle est plongée dans l'eau froide. Verser lentement le sirop dans un bol résistant à la chaleur et laisser jusqu'à ce qu'une peau se forme. Battre le glaçage avec une cuillère en bois jusqu'à ce qu'il devienne trouble et ferme. Pétrir jusqu'à consistance lisse. Avant utilisation, chauffer dans un bol résistant à la chaleur au-dessus d'une casserole d'eau chaude pour ramollir si nécessaire.

# *Glaçage au beurre*

Assez pour remplir et couvrir un gâteau de 20 cm/8

100 g/4 oz/½ tasse de beurre ou de margarine, ramolli

225 g/8 oz/11/3 tasses de sucre (de confiserie), tamisé

30 ml/2 cuillères à soupe de lait

Battre le beurre ou la margarine jusqu'à ce qu'ils soient tendres. Incorporer graduellement le sucre en poudre et le lait jusqu'à ce qu'ils soient bien mélangés.

# *Glaçage à la crème au beurre au chocolat*

Assez pour remplir et couvrir un gâteau de 20 cm/8

30 ml/2 cuillères à soupe de poudre de cacao (chocolat non sucré)

15 ml/1 cuillère à soupe d'eau bouillante

100 g/4 oz/½ tasse de beurre ou de margarine, ramolli

225 g/8 oz/11/3 tasses de sucre (de confiserie), tamisé

15 ml/1 cuillère à soupe de lait

Mélanger le cacao en pâte avec de l'eau bouillante et laisser refroidir. Battre le beurre ou la margarine jusqu'à ce qu'ils soient tendres. Incorporer graduellement le mélange de sucre en poudre, de lait et de cacao jusqu'à ce que le tout soit bien mélangé.

# *Glaçage au beurre de chocolat blanc*

Assez pour remplir et couvrir un gâteau de 20 cm/8

100 g/4 oz/1 tasse de chocolat blanc

100 g/4 oz/½ tasse de beurre ou de margarine, ramolli

225 g/8 oz/11/3 tasses de sucre (de confiserie), tamisé

15 ml/1 cuillère à soupe de lait

Faire fondre le chocolat dans un bol résistant à la chaleur posé sur une casserole d'eau légèrement frémissante, puis laisser refroidir légèrement. Battre le beurre ou la margarine jusqu'à ce qu'ils soient tendres. Incorporer graduellement le sucre en poudre, le lait et le chocolat jusqu'à ce qu'ils soient bien mélangés.

# *Glaçage au beurre de café*

Assez pour remplir et couvrir un gâteau de 20 cm/8

100 g/4 oz/½ tasse de beurre ou de margarine, ramolli

225 g/8 oz/11/3 tasses de sucre (de confiserie), tamisé

15 ml/1 cuillère à soupe de lait

15 ml/1 cuillère à soupe d'essence de café (extrait)

Battre le beurre ou la margarine jusqu'à ce qu'ils soient tendres. Incorporer graduellement le sucre en poudre, le lait et l'essence de café jusqu'à ce qu'ils soient bien mélangés.

## *Glaçage au beurre citronné*

Assez pour remplir et couvrir un gâteau de 20 cm/8

100 g/4 oz/½ tasse de beurre ou de margarine, ramolli

225 g/8 oz/11/3 tasses de sucre (de confiserie), tamisé

30 ml/2 cuillères à soupe de jus de citron

Le zeste râpé de 1 citron

Battre le beurre ou la margarine jusqu'à ce qu'ils soient tendres. Incorporer graduellement le sucre en poudre, le jus et le zeste de citron jusqu'à ce qu'ils soient bien mélangés.

# *Glaçage au beurre d'orange*

Assez pour remplir et couvrir un gâteau de 20 cm/8

100 g/4 oz/½ tasse de beurre ou de margarine, ramolli

225 g/8 oz/11/3 tasses de sucre (de confiserie), tamisé

30 ml/2 cuillères à soupe de jus d'orange

zeste râpé de 1 orange

Battre le beurre ou la margarine jusqu'à ce qu'ils soient tendres. Incorporer graduellement le sucre en poudre, le jus d'orange et le zeste jusqu'à ce que le tout soit bien mélangé.

# *Crème glaçage au fromage*

Assez pour couvrir un gâteau de 25cm/9

75 g/3 oz/1/3 tasse de fromage à la crème

30 ml/2 cuillères à soupe de beurre ou de margarine

350g/12oz/2 tasses de sucre (de confiserie), tamisé

5 ml/1 cuillère à café d'essence de vanille (extrait)

Battre le fromage et le beurre ou la margarine jusqu'à consistance légère et mousseuse. Incorporer progressivement le sucre en poudre et l'essence de vanille jusqu'à l'obtention d'un glaçage lisse et crémeux.

# *Glaçage orange*

Assez pour couvrir un gâteau de 25cm/9

250g/9oz/1½ tasse de sucre (de confiserie), tamisé

30 ml/2 cuillères à soupe de beurre ramolli ou de margarine

Quelques gouttes d'essence d'amande (extrait)

60 ml/4 cuillères à soupe de jus d'orange

Placer le sucre en poudre dans un bol et mélanger le beurre ou la margarine et l'essence d'amande. Incorporer graduellement suffisamment de jus d'orange pour faire un glaçage ferme.

# *Glaçage à la liqueur d'orange*

Assez pour couvrir un gâteau de 20 cm/8

100 g/4 oz/½ tasse de beurre ou de margarine, ramolli

450g/1lb/22/3 tasses de sucre (de confiserie), tamisé

60 ml/4 cuillères à soupe de liqueur d'orange

15 ml/1 cuillère à soupe de zeste d'orange râpé

Crémer ensemble le beurre ou la margarine et le sucre jusqu'à consistance légère et mousseuse. Incorporer suffisamment de liqueur d'orange pour obtenir une consistance tartinable, puis incorporer le zeste d'orange.

# Biscuits à l'avoine et aux raisins secs

Faire 20

175 g/6 oz/¾ tasse de farine ordinaire (tout usage)

150 g/5 oz/1¼ tasse de flocons d'avoine

5 ml/1 cuillère à café de gingembre moulu

2,5 ml/½ cuillère à café de levure chimique

2,5 ml/½ cuillère à café de bicarbonate de soude (bicarbonate de soude)

100g/4oz/½ tasse de cassonade douce

50 g/2 oz/1/3 tasse de raisins secs

1 oeuf, légèrement battu

150 ml/¼ pt/2/3 tasse d'huile

60 ml/4 cuillères à soupe de lait

Mélanger les ingrédients secs, incorporer les raisins secs et faire un puits au milieu. Ajouter l'oeuf, l'huile et le lait et mélanger en une pâte molle. Verser le mélange sur une plaque à biscuits non graissée et aplatir légèrement avec une fourchette. Cuire dans un four préchauffé à 200°C/400°F/thermostat 6 pendant 10 minutes jusqu'à ce qu'ils soient dorés.

## *Biscuits épicés à l'avoine*

Faites-en 30

100 g/4 oz/½ tasse de beurre ou de margarine, ramolli

100g/4oz/½ tasse de cassonade douce

100g/4oz/½ tasse de sucre dur (superfin)

1 oeuf

2,5 ml/½ cuillère à café d'essence de vanille (extrait)

100 g/4 oz/1 tasse de farine ordinaire (tout usage)

2,5 ml/½ cuillère à café de bicarbonate de soude (bicarbonate de soude)

Pincée de sel

5 ml/1 cuillère à café de cannelle moulue

Une pincée de muscade râpée

100 g/4 oz/1 tasse de flocons d'avoine

50 g/2 oz/½ tasse de noix mélangées hachées

50g/2oz/½ tasse de pépites de chocolat

Mélanger le beurre ou la margarine et les sucres jusqu'à consistance légère et mousseuse. Incorporer progressivement les œufs et l'essence de vanille. Mélanger la farine, le bicarbonate de soude, le sel et les épices et ajouter au mélange. Incorporer les flocons d'avoine, les noix et les pépites de chocolat. Déposez des cuillerées à café bombées sur une plaque à biscuits graissée et faites cuire les biscuits dans un four préchauffé à 180°C/350°F/thermostat 4 pendant 10 minutes jusqu'à ce qu'ils soient légèrement dorés.

# *Biscuits à l'avoine à grains entiers*

Faites-le 24

100g/4oz/½ tasse de beurre ou de margarine

200g/7oz/1¾ tasse de flocons d'avoine

75 g/3 oz/¾ tasse de farine de blé entier (blé entier)

50 g/2 oz/½ tasse de farine ordinaire (tout usage)

5 ml/1 cuillère à café de levure chimique

50g/2oz/¼ tasse de sucre demerara

1 oeuf, légèrement battu

30 ml/2 cuillères à soupe de lait

Frotter le beurre ou la margarine dans les flocons d'avoine, la farine et la poudre à pâte jusqu'à ce que le mélange ressemble à de la chapelure. Incorporer le sucre, puis incorporer l'œuf et le lait pour obtenir une pâte ferme. Étaler la pâte sur une surface légèrement farinée sur environ 1 cm/½ d'épaisseur et découper des cercles avec un emporte-pièce de 5 cm/2. Placer le(s) biscuit(s) sur une(des) plaque(s) à biscuit(s) graissée(s) et cuire au four préchauffé à 190°C/375°F/thermostat 5 pendant environ 15 minutes jusqu'à ce qu'ils soient dorés.

# Biscuits à l'orange

Faites-le 24

100 g/4 oz/½ tasse de beurre ou de margarine, ramolli

50g/2oz/¼ tasse de sucre en poudre (superfin)

zeste râpé de 1 orange

150g/5oz/1¼ tasses de farine auto-levante (auto-levante)

Battre le beurre ou la margarine et le sucre jusqu'à consistance légère et mousseuse. Mixer le zeste d'orange, puis incorporer la farine pour former un mélange épais. Formez de grosses boules de la taille d'une noix et étalez-les bien sur une plaque à pâtisserie graissée (à biscuits), puis appuyez légèrement avec une fourchette pour les aplatir. Cuire les cookies (biscuits) dans un four préchauffé à 180°C/350°F/thermostat 4 pendant 15 minutes jusqu'à ce qu'ils soient dorés.

# Biscuits à l'orange et au citron

Faites-en 30

50 g/2 oz/¼ tasse de beurre ou de margarine, ramolli

75 g/3 oz/1/3 tasse de sucre en poudre (superfin)

1 jaune d'oeuf

zeste râpé de ½ orange

15 ml/1 cuillère à soupe de jus de citron

150g/5oz/1¼ tasses de farine ordinaire (tout usage)

2,5 ml/½ cuillère à café de levure chimique

Pincée de sel

Battre le beurre ou la margarine et le sucre jusqu'à consistance légère et mousseuse. Incorporer progressivement le jaune d'œuf, le zeste d'orange et le jus de citron, puis incorporer la farine, la levure chimique et le sel pour obtenir une pâte ferme. Envelopper et filmer (pellicule plastique) et réfrigérer pendant 30 minutes.

Sur un plan de travail légèrement fariné, abaisser à environ 5 mm/¼ d'épaisseur et découper des formes à l'aide d'un emporte-pièce. Placer les biscuits sur une plaque à pâtisserie graissée (biscuit) et cuire dans un four préchauffé à 190°C/375°F/thermostat 5 pendant 10 minutes.

# *Biscuits à l'orange et aux noix*

Faire 16

100g/4oz/½ tasse de beurre ou de margarine

75 g/3 oz/1/3 tasse de sucre en poudre (superfin)

zeste râpé de ½ orange

150g/5oz/1¼ tasses de farine auto-levante (auto-levante)

50 g/2 oz/½ tasse de noix moulues

Crémer le beurre ou la margarine avec 50 g/2 oz/¼ tasse de sucre et le zeste d'orange jusqu'à consistance lisse et crémeuse. Ajouter la farine et les noix et battre à nouveau jusqu'à ce que le mélange commence à se tenir. Former des boules et les aplatir sur une plaque à biscuits graissée. Cuire les biscuits (biscuits) dans un four préchauffé à 190°C/375°F/température gaz 5 pendant 10 minutes jusqu'à ce que les bords soient dorés. Saupoudrer du sucre réservé et laisser refroidir légèrement avant de transférer sur une grille pour refroidir.

# Brownies à l'orange et au chocolat

Faites-en 30

50 g/2 oz/¼ tasse de beurre ou de margarine, ramolli

75 g/3 oz/1/3 tasse de saindoux (gras)

175g/6oz/¾ tasse de cassonade douce

100g/7oz/1¾ tasse de farine complète (complète)

75 g/3 oz/¾ tasse d'amandes moulues

10 ml / 2 cuillères à café de levure chimique

75 g/3 oz/¾ tasse de pépites de chocolat

Zeste râpé de 2 oranges

15 ml/1 cuillère à soupe de jus d'orange

1 oeuf

Sucre de fer (super fin) pour saupoudrer

Mélanger le beurre ou la margarine, le saindoux et la cassonade jusqu'à consistance légère et mousseuse. Ajouter le reste des ingrédients sauf le sucre et mélanger en une pâte. Étaler sur un plan de travail fariné à 5 mm/¼ d'épaisseur et tailler des biscuits à l'emporte-pièce. Étaler sur une plaque à pâtisserie graissée (biscuit) et cuire dans un four préchauffé à 180°C/350°F/thermostat 4 pendant 20 minutes jusqu'à ce qu'ils soient dorés.

# *Biscuits épicés à l'orange*

Faire 10

225 g/8 oz/2 tasses de farine ordinaire (tout usage)

2,5 ml/½ cuillère à café de cannelle moulue

Une pincée d'épices mélangées (tarte aux pommes)

75 g/3 oz/1/3 tasse de sucre en poudre (superfin)

150 g/5 oz/2/3 tasse de beurre ou de margarine, ramolli

2 jaunes d'œufs

zeste râpé de 1 orange

75 g/3 oz/¾ tasse de chocolat nature (mi-sucré)

Mélanger la farine et les épices, puis incorporer le sucre. Battre le beurre ou la margarine, les jaunes d'œufs et le zeste d'orange et mélanger en une pâte lisse. Envelopper dans du film alimentaire (pellicule plastique) et réfrigérer pendant 1 heure.

Verser la pâte dans une poche à douille munie d'une grosse douille étoilée (tip) et pocher sur une plaque à pâtisserie graissée (emporte-pièce). Cuire au four préchauffé à 190°C/375°F/thermostat 5 pendant 10 minutes jusqu'à ce qu'ils soient dorés. Laissez refroidir.

Faire fondre le chocolat dans un bol résistant à la chaleur placé au-dessus d'une casserole d'eau légèrement frémissante. Tremper les extrémités des biscuits dans le chocolat fondu et laisser sur le papier cuisson jusqu'à ce qu'il durcisse.

# *cookies au beurre de cacahuète*

Faites-en 18

100 g/4 oz/½ tasse de beurre ou de margarine, ramolli

100g/4oz/½ tasse de sucre dur (superfin)

100 g/4 oz/½ tasse de beurre de cacahuète croustillant ou onctueux

60 ml/4 cuillères à soupe de sirop doré (maïs clair)

15 ml/1 cuillère à soupe de lait

175g/6oz/1½ tasses de farine ordinaire (tout usage)

2,5 ml/½ cuillère à café de bicarbonate de soude (bicarbonate de soude)

Battre le beurre ou la margarine et le sucre jusqu'à consistance légère et mousseuse. Incorporer le beurre de cacahuète, puis le sirop et le lait. Mélanger la farine et le bicarbonate de soude et incorporer au mélange, puis pétrir jusqu'à consistance lisse. Façonner en bûche et réfrigérer jusqu'à consistance ferme.

Couper en tranches de 5 mm/¼ d'épaisseur et disposer sur une plaque à pâtisserie légèrement graissée (biscuits). Cuire les cookies (biscuits) dans un four préchauffé à 180°C/350°F/thermostat 4 pendant 12 minutes jusqu'à ce qu'ils soient dorés.

# Rouleaux de chocolat au beurre d'arachide

Faites-le 24

50 g/2 oz/¼ tasse de beurre ou de margarine, ramolli

50 g/2 oz/¼ tasse de cassonade douce

50g/2oz/¼ tasse de sucre en poudre (superfin)

50 g/2 oz/¼ tasse de beurre de cacahuète lisse

1 jaune d'oeuf

75 g/3 oz/¾ tasse de farine ordinaire (tout usage)

2,5 ml/½ cuillère à café de bicarbonate de soude (bicarbonate de soude)

50 g/2 oz/½ tasse de chocolat nature (mi-sucré)

Mélanger le beurre ou la margarine et les sucres jusqu'à consistance légère et mousseuse. Incorporer progressivement le beurre de cacahuète, puis le jaune d'œuf. Mélanger la farine et le bicarbonate de soude et mélanger au mélange pour former une pâte ferme. Pendant ce temps, faire fondre le chocolat dans un bol résistant à la chaleur posé sur une casserole d'eau légèrement frémissante. Abaisser la pâte à 30 x 46 cm/12 x 18 et étaler le chocolat fondu presque jusqu'aux bords. Rouler le côté long, envelopper dans un film alimentaire (pellicule plastique) et réfrigérer jusqu'à consistance ferme.

Couper le rouleau en tranches de 5 mm/¼ et déposer sur une plaque à pâtisserie non graissée (biscuit). Cuire au four préchauffé à 180°C/350°F/thermostat 4 pendant 10 minutes jusqu'à ce qu'ils soient dorés.

# *Biscuits à l'avoine et au beurre d'arachide*

Faites-le 24

75 g/3 oz/1/3 tasse de beurre ou de margarine, ramolli

75 g/3 oz/1/3 tasse de beurre de cacahuète

150g/5oz/2/3 tasse de cassonade douce

1 oeuf

50 g/2 oz/½ tasse de farine ordinaire (tout usage)

2,5 ml/½ cuillère à café de levure chimique

Pincée de sel

Quelques gouttes d'essence de vanille (extrait)

75 g/3 oz/¾ tasse de flocons d'avoine

40 g/1½ oz/1/3 tasse de pépites de chocolat

Mélanger le beurre ou la margarine, le beurre d'arachide et le sucre jusqu'à consistance légère et mousseuse. Battez l'œuf petit à petit. Incorporer la farine, la levure chimique et le sel. Incorporer l'essence de vanille, l'avoine et les pépites de chocolat. Placer les cuillerées sur une plaque à biscuits graissée et cuire les biscuits dans un four préchauffé à 180°C/350°F/thermostat 4 pendant 15 minutes.

## *Biscuits au beurre de cacahuète et au miel et à la noix de coco*

Faites-le 24

120 ml/4 oz/½ tasse d'huile

175 g/6 oz/½ tasse de miel pur

175 g/6 oz/¾ tasse de beurre de cacahuète croquant

1 oeuf, battu

100 g/4 oz/1 tasse de flocons d'avoine

225 g/8 oz/2 tasses de farine de blé entier (blé entier)

50 g/2 oz/½ tasse de noix de coco déshydratée (râpée)

Mélanger l'huile, le miel, le beurre de cacahuète et l'œuf, puis incorporer le reste des ingrédients. Déposer des cuillerées sur une plaque à pâtisserie graissée (pour les biscuits) et aplatir légèrement jusqu'à une épaisseur d'environ ¼/6 mm. Cuire les cookies (biscuits) dans un four préchauffé à 180°C/350°F/thermostat 4 pendant 12 minutes jusqu'à ce qu'ils soient dorés.

# *Biscuits aux noix*

Faites-le 24

100 g/4 oz/½ tasse de beurre ou de margarine, ramolli

45 ml/3 cuillères à soupe de cassonade douce

100 g/4 oz/1 tasse de farine ordinaire (tout usage)

Pincée de sel

5 ml/1 cuillère à café d'essence de vanille (extrait)

100 g/4 oz/1 tasse de noix de pécan, hachées finement

Sucre en poudre (confiserie), tamisé, pour saupoudrer

Battre le beurre ou la margarine et le sucre jusqu'à consistance légère et mousseuse. Incorporer petit à petit le reste des ingrédients sauf le sucre en poudre. Former des boules de 3 cm/1½ et les déposer sur une plaque à pâtisserie graissée (biscuit). Cuire les cookies (biscuits) dans un four préchauffé à 160°C/325°F/thermostat 3 pendant 15 minutes jusqu'à ce qu'ils soient dorés. Servir saupoudré de sucre en poudre.

# Biscuits moulinet

Faites-le 24

175g/6oz/1½ tasses de farine ordinaire (tout usage)

5 ml/1 cuillère à café de levure chimique

Pincée de sel

75 g/3 oz/1/3 tasse de beurre ou de margarine

75 g/3 oz/1/3 tasse de sucre en poudre (superfin)

Quelques gouttes d'essence de vanille (extrait)

20 ml / 4 cuillères à café d'eau

10 ml/2 cuillères à café de poudre de cacao (chocolat non sucré)

Mélanger la farine, la levure chimique et le sel, puis incorporer le beurre ou la margarine jusqu'à ce que le mélange ressemble à de la chapelure. Incorporer le sucre. Ajouter l'essence de vanille et l'eau et mélanger en une pâte lisse. Façonner en boule, puis couper en deux. Incorporer le cacao à la moitié de la pâte. Étalez chaque pâton en un rectangle de 25 x 18 cm/10 x 7 et placez-les les uns sur les autres. Rouler doucement pour coller ensemble. Roulez la pâte du côté long et pressez-la doucement ensemble. Envelopper de film alimentaire (pellicule plastique) et réfrigérer environ 30 minutes.

Couper en tranches de 2,5 cm/1 d'épaisseur et bien les étaler sur une plaque à pâtisserie graissée. Cuire les cookies (biscuits) dans un four préchauffé à 180°C/350°F/thermostat 4 pendant 15 minutes jusqu'à ce qu'ils soient dorés.

# *Biscuits rapides au babeurre*

Faire 12

75 g/3 oz/1/3 tasse de beurre ou de margarine

225 g/8 oz/2 tasses de farine ordinaire (tout usage)

15 ml/1 cuillère à soupe de levure chimique

2,5 ml/½ cuillère à café de sel

175 ml/6 oz liq./¾ tasse de babeurre

Sucre en poudre (de confiserie), tamisé, pour saupoudrer (facultatif)

Frotter le beurre ou la margarine dans la farine, la poudre à pâte et le sel jusqu'à ce que le mélange ressemble à de la chapelure. Ajouter petit à petit le babeurre pour obtenir une pâte molle. Étaler le mélange sur une surface légèrement farinée sur environ 2 cm/¾ d'épaisseur et découper des cercles à l'aide d'un emporte-pièce. Placer les biscuits sur une plaque à pâtisserie graissée (biscuit) et cuire dans un four préchauffé à 230°C/450°F/thermostat 8 pendant 10 minutes jusqu'à ce qu'ils soient dorés. Saupoudrer de sucre en poudre si désiré.

# *Biscuits aux raisins secs*

Faites-le 24

100 g/4 oz/½ tasse de beurre ou de margarine, ramolli

50g/2oz/¼ tasse de sucre en poudre (superfin)

Le zeste râpé de 1 citron

50 g/2 oz/1/3 tasse de raisins secs

150g/5oz/1¼ tasses de farine auto-levante (auto-levante)

Battre le beurre ou la margarine et le sucre jusqu'à consistance légère et mousseuse. Travailler le zeste de citron, puis incorporer les raisins secs et la farine pour obtenir un mélange épais. Formez de grosses boules de la taille d'une noix et étalez-les bien sur une plaque à pâtisserie graissée (à biscuits), puis appuyez légèrement avec une fourchette pour les aplatir. Cuire les cookies (biscuits) dans un four préchauffé à 180°C/350°F/thermostat 4 pendant 15 minutes jusqu'à ce qu'ils soient dorés.

# *Biscuits moelleux aux raisins secs*

Faire 36

100 g/4 oz/2/3 tasse de raisins secs

90 ml/6 cuillères à soupe d'eau bouillante

50 g/2 oz/¼ tasse de beurre ou de margarine, ramolli

175g/6oz/¾ tasse de sucre (superfin)

1 oeuf, légèrement battu

2,5 ml/½ cuillère à café d'essence de vanille (extrait)

175g/6oz/1½ tasses de farine ordinaire (tout usage)

2,5 ml/½ cuillère à café de levure chimique

1,5 ml/¼ c. à thé de bicarbonate de soude (bicarbonate de soude)

2,5 ml/½ cuillère à café de sel

2,5 ml/½ cuillère à café de cannelle moulue

Une pincée de muscade râpée

50 g/2 oz/½ tasse de noix mélangées hachées

Mettez les raisins secs et l'eau bouillante dans une casserole, portez à ébullition, couvrez et laissez bouillir pendant 3 minutes. Laissez refroidir. Battre le beurre ou la margarine et le sucre jusqu'à consistance légère et mousseuse. Incorporer progressivement les œufs et l'essence de vanille. Ajouter la farine, la levure chimique, le bicarbonate de soude, le sel et les épices en alternant avec les raisins secs et le liquide de trempage. Incorporer les noix et mélanger en une pâte molle. Envelopper dans du film alimentaire (pellicule plastique) et réfrigérer au moins 1 heure.

Déposer la pâte par cuillerées sur une plaque à pâtisserie graissée (biscuits) et cuire les biscuits (biscuits) dans un four préchauffé à

180°C/350°F/thermostat 4 pendant 10 minutes jusqu'à ce qu'ils soient dorés.

## *Tranches de raisins secs et sirop de mélasse*

Faites-le 24

25 g/1 oz/2 cuillères à soupe de beurre ramolli ou de margarine

100g/4oz/½ tasse de sucre dur (superfin)

1 jaune d'oeuf

30 ml/2 cuillères à soupe de mélasse (mélasse verte)

75 g/3 oz/½ tasse de groseilles

150g/5oz/1¼ tasses de farine ordinaire (tout usage)

5 ml/1 cuillère à café de bicarbonate de soude (bicarbonate de soude)

5 ml/1 cuillère à café de cannelle moulue

Pincée de sel

30 ml/2 cuillères à soupe de café noir froid

Battre le beurre ou la margarine et le sucre jusqu'à consistance légère et mousseuse. Incorporer progressivement le jaune d'œuf et le sirop de mélasse, puis incorporer les raisins de Corinthe. Mélanger la farine, le bicarbonate de soude, la cannelle et le sel et incorporer au mélange de café. Couvrir et réfrigérer le mélange.

Étaler en 30 cm/12 carrés, puis rouler en bûche. Placer sur une plaque (à biscuits) graissée et cuire dans un four préchauffé à 180°C/350°F/thermostat 4 pendant 15 minutes, jusqu'à consistance ferme au toucher. Couper en tranches, puis laisser refroidir sur une grille.

# *Biscuits au ratafia*

Faire 16

100g/4oz/½ tasse de sucre cristallisé

50 g/2 oz/¼ tasse d'amandes moulues

15 ml/1 cuillère à soupe de riz moulu

1 blanc d'oeuf

25 g/1 oz/¼ tasse d'amandes effilées

Mélanger le sucre, les amandes moulues et le riz moulu. Battre le blanc d'oeuf et continuer à battre pendant 2 minutes. Pocher le(s) biscuit(s) de la taille d'une noix sur une plaque à pâtisserie tapissée de papier de riz (biscuit) avec une douille régulière de 5 mm/¼. Déposer une feuille d'amande sur le dessus de chaque biscuit. Cuire au four préchauffé à 190°C/375°F/thermostat 5 pendant 15 minutes jusqu'à ce qu'ils soient dorés.

## *Biscuits au riz et au muesli*

Faites-le 24

75 g/3 oz/¼ tasse de riz brun cuit

50 g/2 oz/½ tasse de muesli

75 g/3 oz/¾ tasse de farine de blé entier (blé entier)

2,5 ml/½ cuillère à café de sel

2,5 ml/½ cuillère à café de bicarbonate de soude (bicarbonate de soude)

5 ml/1 cuillère à café d'épices mélangées moulues (tarte aux pommes).

30 ml/2 cuillères à soupe de miel pur

75 g/3 oz/1/3 tasse de beurre ou de margarine, ramolli

Mélanger le riz, le muesli, la farine, le sel, le bicarbonate de soude et le mélange d'épices. Battre le miel et le beurre ou la margarine jusqu'à ce qu'ils soient tendres. Fouetter dans le mélange de riz. Formez des boules de la taille de noix à partir du mélange et placez-les bien réparties sur des plaques à pâtisserie graissées (biscuits). Aplatir légèrement, puis cuire dans un four préchauffé à 190°C/375°F/thermostat 5 pendant 15 minutes ou jusqu'à ce qu'ils soient dorés. Laisser refroidir 10 minutes, puis transférer sur une grille pour refroidir. conserver dans une caisse hermétiquement fermée.

# Crèmes roms

Faire 10

25 g/1 oz/2 cuillères à soupe de shortening

25 g/1 oz/2 cuillères à soupe de beurre ramolli ou de margarine

50 g/2 oz/¼ tasse de cassonade douce

2,5 ml/½ cc de sirop doré (maïs léger)

50 g/2 oz/½ tasse de farine ordinaire (tout usage)

Pincée de sel

25 g/1 oz/¼ tasse de flocons d'avoine

2,5 ml/½ c. à thé d'épices mélangées moulues (rouleau aux pommes).

2,5 ml/½ cuillère à café de bicarbonate de soude (bicarbonate de soude)

10 ml/2 cuillères à café d'eau bouillante

Glaçage au beurre

Mélanger le saindoux, le beurre ou la margarine et le sucre jusqu'à consistance légère et mousseuse. Fouetter le sirop, puis ajouter la farine, le sel, les flocons d'avoine et les épices mélangées et remuer jusqu'à ce que le tout soit bien mélangé. Dissoudre le bicarbonate de soude dans l'eau et mélanger pour former une pâte ferme. Former 20 petites boules égales et les disposer bien espacées sur des plaques à pâtisserie graissées (biscuits). Aplatir légèrement avec la paume de la main. Cuire au four préchauffé à 160°C/325°F/thermostat 3 pendant 15 minutes. Laisser refroidir sur la plaque de cuisson. Une fois refroidis, superposez les paires de biscuits avec le glaçage à la crème au beurre (glaçage).

# *Sablés*

Faire 48

100 g/4 oz/½ tasse de beurre ou de margarine dure, ramolli

225 g/8 oz/1 tasse de cassonade douce

1 oeuf, légèrement battu

225 g/8 oz/2 tasses de farine ordinaire (tout usage)

Blanc d'oeuf pour le glaçage

30 ml/2 cuillères à soupe de cacahuètes concassées

Battre le beurre ou la margarine et le sucre jusqu'à consistance légère et mousseuse. Battre l'œuf, puis incorporer la farine. Étalez très finement sur une surface légèrement farinée et découpez des formes à l'aide d'un emporte-pièce. Placer les biscuits sur une plaque à biscuits graissée, badigeonner le dessus de blanc d'œuf et saupoudrer de cacahuètes. Cuire au four préchauffé à 180°C/350°F/thermostat 4 pendant 10 minutes jusqu'à ce qu'ils soient dorés.

# *Biscuits à la crème sure*

Faites-le 24

50 g/2 oz/¼ tasse de beurre ou de margarine, ramolli

175g/6oz/¾ tasse de sucre (superfin)

1 oeuf

60 ml/4 cuillères à soupe de crème sure (acide lactique)

2. 5 ml/½ cuillère à café d'essence de vanille (extrait)

150g/5oz/1¼ tasses de farine ordinaire (tout usage)

2,5 ml/½ cuillère à café de levure chimique

75 g/3 oz/½ tasse de raisins secs

Battre le beurre ou la margarine et le sucre jusqu'à consistance légère et mousseuse. Incorporer progressivement l'œuf, la crème et l'essence de vanille. Mélanger la farine, la poudre à pâte et les raisins secs et incorporer au mélange jusqu'à ce qu'ils soient bien mélangés. Déposer des cuillerées à café bombées du mélange sur des moules (biscuits) légèrement graissés et cuire dans un four préchauffé à 180°C/350°F/thermostat 4 pendant environ 10 minutes jusqu'à ce qu'ils soient dorés.

# *Biscuits à la cassonade*

Faites-le 24

100 g/4 oz/½ tasse de beurre ou de margarine, ramolli

100g/4oz/½ tasse de cassonade douce

1 oeuf, légèrement battu

2,5 ml/1 cuillère à café d'essence de vanille (extrait)

150g/5oz/1¼ tasses de farine ordinaire (tout usage)

2,5 ml/½ cuillère à café de bicarbonate de soude (bicarbonate de soude)

Pincée de sel

75 g/3 oz/½ tasse de raisins secs (raisins dorés)

Battre le beurre ou la margarine et le sucre jusqu'à consistance légère et mousseuse. Incorporer progressivement les œufs et l'essence de vanille. Mélanger les ingrédients restants jusqu'à consistance lisse. Placer des cuillères à café pleines bien espacées sur une plaque à pâtisserie légèrement graissée (pour les biscuits). Cuire les biscuits (biscuits) dans un four préchauffé à 180°C/350°F/température gaz 4 pendant 12 minutes jusqu'à ce qu'ils soient dorés.

# *Biscuits au sucre et à la noix de muscade*

Faites-le 24

50 g/2 oz/¼ tasse de beurre ou de margarine, ramolli

100g/4oz/½ tasse de sucre dur (superfin)

1 jaune d'oeuf

2,5 ml/½ cuillère à café d'essence de vanille (extrait)

150g/5oz/1¼ tasses de farine ordinaire (tout usage)

5 ml/1 cuillère à café de levure chimique

Une pincée de muscade râpée

60 ml/4 cuillères à soupe de crème sure (acide lactique)

Battre le beurre ou la margarine et le sucre jusqu'à consistance légère et mousseuse. Battre le jaune et l'essence de vanille, puis incorporer la farine, la levure chimique et la noix de muscade. Remuer la crème jusqu'à consistance lisse. Couvrir et réfrigérer 30 minutes.

Abaisser la pâte à 5 mm/¼ d'épaisseur et découper des cercles de 5 cm/2 à l'aide d'un emporte-pièce. Placer les biscuits sur une ou plusieurs plaques à biscuits non graissées et cuire au four préchauffé à 200°C/400°F/thermostat 6 pendant 10 minutes jusqu'à ce qu'ils soient dorés.

# *sables*

Faire 8

150g/5oz/1¼ tasses de farine ordinaire (tout usage)

Pincée de sel

25 g/1 oz/¼ tasse de farine de riz ou de riz moulu

50g/2oz/¼ tasse de sucre en poudre (superfin)

100 g/4 oz/¼ tasse de beurre ou de margarine dure, refroidi et râpé

Mélanger la farine, le sel et la farine de riz ou le riz moulu. Incorporer le sucre, puis le beurre ou la margarine. Pressez le mélange du bout des doigts jusqu'à ce qu'il ressemble à de la chapelure. Presser dans un moule à sandwich de 18 cm/7 pouces et aplatir le dessus. Piquez partout avec une fourchette et coupez en huit quartiers égaux, que vous couperez jusqu'au fond. Réfrigérer pendant 1 heure.

Cuire dans un four préchauffé à 150°C/300°F/thermostat 2 pendant 1 heure jusqu'à ce que le tout soit d'une couleur paille pâle. Laisser refroidir dans le moule avant de retourner.

# *gâteau de Noël*

Faire 12

175 g/6 oz/¾ tasse de beurre ou de margarine

250 g/9 oz/2¼ tasses de farine ordinaire (tout usage)

75 g/3 oz/1/3 tasse de sucre en poudre (superfin)

Pour la vinaigrette :

15 ml/1 cuillère à soupe d'amandes hachées

15 ml/1 cuillère à soupe de noix hachées

30 ml/2 cuillères à soupe de raisins secs

30 ml/2 cuillères à soupe de cerises glacées (confites), hachées

Le zeste râpé de 1 citron

15 ml/1 cuillère à soupe de sucre durci (superfin) pour saupoudrer

Frotter le beurre ou la margarine dans la farine jusqu'à ce que le mélange ressemble à de la chapelure. Incorporer le sucre. Presser le mélange dans une pâte et pétrir jusqu'à consistance lisse. Presser dans un moule à gâteau roulé graissé et niveler la surface. Mélangez les ingrédients de la vinaigrette et écrasez-les en une pâte. Marquez en 12 doigts, puis faites cuire dans un four préchauffé à 180°C/350°F/thermostat 4 pendant 30 minutes. Saupoudrer de sucre, couper en doigts et laisser refroidir dans le moule.

# Gâteau au miel

Faire 12

100 g/4 oz/½ tasse de beurre ou de margarine, ramolli

75 g/3 oz/¼ tasse de miel

200g/7oz/1¾ tasses de farine complète (complète)

25 g/1 oz/¼ tasse de farine de riz brun

Le zeste râpé de 1 citron

Mélanger le beurre ou la margarine et le miel jusqu'à ce qu'ils soient tendres. Incorporer la farine et le zeste de citron et pétrir en une pâte molle. Presser dans un moule (plaque à pâtisserie) ou sablé de 18 cm graissé et fariné et piquer à la fourchette. Marquez sur 12 cales et pliez les bords. Réfrigérer pendant 1 heure.

Cuire dans un four préchauffé à 150°C/300°F/thermostat 2 pendant 40 minutes jusqu'à ce qu'ils soient juste dorés. Coupez les morceaux marqués et laissez-les refroidir dans le moule.

# *Gâteau au citron*

Faire 12

100 g/4 oz/1 tasse de farine ordinaire (tout usage)

50 g/2 oz/½ tasse de semoule de maïs (fécule de maïs)

100 g/4 oz/½ tasse de beurre ou de margarine, ramolli

50g/2oz/¼ tasse de sucre en poudre (superfin)

Le zeste râpé de 1 citron

Sucre de fer (super fin) pour saupoudrer

Tamisez ensemble la farine et la semoule de maïs. Battez le beurre ou la margarine jusqu'à ce qu'ils soient tendres, puis battez le sucre jusqu'à ce qu'il soit pâle et mousseux. Incorporer le zeste de citron, puis incorporer le mélange de farine jusqu'à ce qu'il soit bien mélangé. Abaisser la pâte brisée à 20 cm/8 ronds et la déposer sur une plaque graissée (biscuit). Piquer le tout avec une fourchette et râper les bords. Couper en 12 tranches, puis saupoudrer de sucre. Refroidir au réfrigérateur pendant 15 minutes. Cuire dans un four préchauffé à 160°C/325°F/thermostat 3 pendant 35 minutes jusqu'à ce qu'ils soient légèrement dorés. Laisser refroidir sur la plaque pendant 5 minutes avant de démouler sur une grille pour refroidir.

## *Pâte brisée à base de viande hachée*

Faire 8

175 g/6 oz/¾ tasse de beurre ou de margarine, ramolli

50g/2oz/¼ tasse de sucre en poudre (superfin)

225 g/8 oz/2 tasses de farine ordinaire (tout usage)

60 ml/4 cuillères à soupe de viande hachée

Battre le beurre ou la margarine et le sucre jusqu'à ce qu'ils soient tendres. Incorporer la farine, puis la viande hachée. Presser dans un moule à sandwich de 23 cm/7 et aplatir le dessus. Piquer partout avec une fourchette et couper en huit quartiers. Réfrigérer pendant 1 heure.

Cuire dans un four préchauffé à 160°C/325°F/thermostat 3 pendant 1 heure jusqu'à ce que le tout soit d'une couleur paille pâle. Laisser refroidir dans le moule avant de retourner.

# *Pâte brisée aux noix*

Faire 12

100 g/4 oz/½ tasse de beurre ou de margarine, ramolli

50g/2oz/¼ tasse de sucre en poudre (superfin)

100 g/4 oz/1 tasse de farine ordinaire (tout usage)

50 g/2 oz/½ tasse de riz moulu

50 g/2 oz/½ tasse d'amandes finement hachées

Battre le beurre ou la margarine et le sucre jusqu'à consistance légère et mousseuse. Incorporer la farine et le riz moulu. Incorporer les noix et mélanger en une pâte ferme. Pétrir légèrement jusqu'à consistance lisse. Presser au fond d'un moule à pain graissé (jelly pan) et niveler la surface. Piquer le tout avec une fourchette. Cuire au four préchauffé à 160°C/325°F/thermostat 3 pendant 45 minutes jusqu'à ce qu'ils soient légèrement dorés. Laisser refroidir dans le moule pendant 10 minutes, puis couper en doigts. Laisser refroidir dans le moule avant de le démouler.

# *Pain aux oranges*

Faire 12

100 g/4 oz/1 tasse de farine ordinaire (tout usage)

50 g/2 oz/½ tasse de semoule de maïs (fécule de maïs)

100 g/4 oz/½ tasse de beurre ou de margarine, ramolli

50g/2oz/¼ tasse de sucre en poudre (superfin)

zeste râpé de 1 orange

Sucre de fer (super fin) pour saupoudrer

Tamisez ensemble la farine et la semoule de maïs. Battez le beurre ou la margarine jusqu'à ce qu'ils soient tendres, puis battez le sucre jusqu'à ce qu'il soit pâle et mousseux. Incorporer le zeste d'orange, puis incorporer le mélange de farine jusqu'à ce qu'il soit bien mélangé. Abaisser la pâte brisée à 20 cm/8 ronds et la déposer sur une plaque graissée (biscuit). Piquer le tout avec une fourchette et râper les bords. Couper en 12 tranches, puis saupoudrer de sucre. Refroidir au réfrigérateur pendant 15 minutes. Cuire dans un four préchauffé à 160°C/325°F/thermostat 3 pendant 35 minutes jusqu'à ce qu'ils soient légèrement dorés. Laisser refroidir sur la plaque pendant 5 minutes avant de démouler sur une grille pour refroidir.

# *Sablés de l'homme riche*

Faire 36

Pour le socle :

225 g/8 oz/1 tasse de beurre ou de margarine

275 g/10 oz/2½ tasses de farine ordinaire (tout usage)

100g/4oz/½ tasse de sucre dur (superfin)

Pour le remplissage:

225 g/8 oz/1 tasse de beurre ou de margarine

225 g/8 oz/1 tasse de cassonade douce

60 ml/4 cuillères à soupe de sirop doré (maïs clair)

400 g de lait concentré en boite

Quelques gouttes d'essence de vanille (extrait)

Pour la vinaigrette :

225 g/8 oz/2 tasses de chocolat nature (mi-sucré)

La base est faite en frottant du beurre ou de la margarine dans la farine, puis en mélangeant du sucre et en pétrissant une pâte ferme. Presser au fond d'un moule à rouleau graissé (moule à rouleau) tapissé de papier d'aluminium. Cuire dans un four préchauffé à 180°C/350°F/thermostat 4 pendant 35 minutes jusqu'à ce qu'ils soient dorés. Laisser refroidir dans le modèle.

Pour préparer la garniture, faites fondre le beurre ou la margarine, le sucre, le sirop et le lait concentré dans une casserole à feu doux en remuant constamment. Porter à ébullition, puis cuire lentement pendant 7 minutes en remuant constamment. Retirer du feu, ajouter l'essence de vanille et bien mélanger. Verser sur la base et laisser refroidir et durcir.

Faire fondre le chocolat dans un bol résistant à la chaleur placé au-dessus d'une casserole d'eau légèrement frémissante. Étaler sur la couche de caramel et découper des motifs à la fourchette. Laisser refroidir et durcir, puis couper en carrés.

# *Gâteau d'avoine à grains entiers*

Faire 10

100g/4oz/½ tasse de beurre ou de margarine

150g/5oz/1¼ tasses de farine complète (complète)

25 g/1 oz/¼ tasse de farine d'avoine

50 g/2 oz/¼ tasse de cassonade douce

Frotter le beurre ou la margarine dans la farine jusqu'à ce que le mélange ressemble à de la chapelure. Incorporer le sucre et pétrir légèrement en une pâte molle et friable. Sur un plan de travail légèrement fariné, l'étaler sur environ 1 cm/½ d'épaisseur et découper des cercles de 5 cm/2 à l'aide d'un emporte-pièce. Transférer délicatement sur une plaque graissée (biscuit) et cuire dans un four préchauffé à 150°C/300°F/thermostat 3 pendant environ 40 minutes, jusqu'à ce qu'ils soient dorés et fermes.

# *Tourbillons aux amandes*

Faire 16

175 g/6 oz/¾ tasse de beurre ou de margarine, ramolli

50 g/2 oz/1/3 tasse de sucre en poudre (de confiserie), tamisé

2,5 ml/½ cuillère à café d'essence d'amande (extrait)

175g/6oz/1½ tasses de farine ordinaire (tout usage)

8 cerises glacées (confites), coupées en deux ou en quartiers

Sucre en poudre (confiserie), tamisé, pour saupoudrer

Battre le beurre ou la margarine et le sucre. Battre l'essence d'amande et la farine. Transférer le mélange dans une poche à douille munie d'une grosse douille étoilée (tip). Rouler le tube 16 à plat sur une plaque graissée (biscuit). Couvrir chacun individuellement avec un morceau de cerise. Cuire au four préchauffé à 160°C/325°F/thermostat 3 pendant 20 minutes jusqu'à ce qu'ils soient dorés. Laisser refroidir sur la plaque pendant 5 minutes, puis transférer sur une grille et saupoudrer de sucre glace.

# *Gâteau meringué au chocolat*

Faites-le 24

100 g/4 oz/½ tasse de beurre ou de margarine, ramolli

5 ml/1 cuillère à café d'essence de vanille (extrait)

4 blancs d'œufs

200g/7oz/1¾ tasse de farine ordinaire (tout usage)

50g/2oz/¼ tasse de sucre en poudre (superfin)

45 ml/3 cuillères à soupe de poudre de cacao (chocolat non sucré)

100 g/4 oz/2/3 tasse de sucre (de confiserie), tamisé

Battre le beurre ou la margarine, l'essence de vanille et deux blancs d'œufs. Mélanger la farine, le sucre et le cacao, puis incorporer progressivement au mélange de beurre. Presser dans un moule carré graissé de 30 cm/12 (plaque à pâtisserie). Battez les blancs d'œufs restants avec le sucre en poudre et étalez dessus. Cuire au four préchauffé à 190°C/375°F/thermostat 5 pendant 20 minutes jusqu'à ce qu'ils soient dorés. Couper en bâtonnets.

# *Cookies*

Donne environ 12

100 g/4 oz/½ tasse de beurre ou de margarine, ramolli

100g/4oz/½ tasse de sucre dur (superfin)

1 oeuf, battu

225 g/8 oz/2 tasses de farine ordinaire (tout usage)

Quelques raisins de Corinthe et cerises glacées (confites)

Battre le beurre ou la margarine et le sucre. Ajouter l'oeuf petit à petit et bien battre. Incorporer la farine avec une cuillère en métal. Étaler le mélange sur une surface légèrement farinée à environ 5 mm/¼ d'épaisseur. Découpez les personnes avec un emporte-pièce ou un couteau et roulez à nouveau les chutes jusqu'à ce que toute la pâte soit épuisée. Placer sur une plaque à pâtisserie graissée (biscuit) et presser les groseilles pour les yeux et les boutons. Couper des tranches de cerise pour la bouche. Cuire les biscuits (biscuits) dans un four préchauffé à 190°C/375°F/thermostat 5 pendant 10 minutes jusqu'à ce qu'ils soient légèrement dorés. Laisser refroidir sur une grille.

# *Pain d'épice glacé*

Pour deux gâteaux de 20 cm/8

Pour la pâtisserie :
225 g/8 oz/1 tasse de beurre ou de margarine, ramolli

100g/4oz/½ tasse de sucre dur (superfin)

275 g/10 oz/2½ tasses de farine ordinaire (tout usage)

10 ml / 2 cuillères à café de levure chimique

10 ml / 2 cuillères à café de gingembre moulu

Pour le glaçage (glaçage) :
50 g/2 oz/¼ tasse de beurre ou de margarine

15 ml / 1 cuillère à soupe de sirop doré (maïs léger)

100 g/4 oz/2/3 tasse de sucre (de confiserie), tamisé

5 ml/1 cuillère à café de gingembre moulu

Pour faire la pâte, mélanger le beurre ou la margarine et le sucre jusqu'à consistance légère et mousseuse. Mélanger le reste des ingrédients de la pâte pour former une pâte, diviser le mélange en deux et presser dans deux moules à sandwich graissés de 20 cm/8. Cuire au four préchauffé à 160°C/325°F/thermostat 3 pendant 40 minutes.

Pour préparer le glaçage, faites fondre le beurre ou la margarine et le sirop dans une casserole. Ajouter le sucre en poudre et le gingembre et bien mélanger. Versez sur les deux cupcakes et laissez-les refroidir, puis coupez-les en cercles.

# Biscuits Shrewsbury

Faites-le 24

100 g/4 oz/½ tasse de beurre ou de margarine, ramolli

100g/4oz/½ tasse de sucre dur (superfin)

1 jaune d'oeuf

225 g/8 oz/2 tasses de farine ordinaire (tout usage)

5 ml/1 cuillère à café de levure chimique

5 ml/1 cuillère à café de zeste de citron râpé

Battre le beurre ou la margarine et le sucre jusqu'à consistance légère et mousseuse. Incorporer progressivement le jaune d'œuf, puis incorporer la farine, la levure chimique et le zeste de citron en mélangeant avec les mains jusqu'à ce que le mélange se tienne. Étaler à 5 mm/¼ d'épaisseur et découper des cercles de 6 cm/2¼ à l'aide d'un emporte-pièce. Placer les biscuits bien écartés sur une plaque à biscuits graissée et les piquer avec une fourchette. Cuire dans un four préchauffé à 180°C/350°F/thermostat 4 pendant 15 minutes jusqu'à ce qu'ils soient légèrement dorés.

## *Biscuits épicés espagnols*

Faire 16

90 ml/6 cuillères à soupe d'huile d'olive

100g/4oz/½ tasse de sucre cristallisé

100 g/4 oz/1 tasse de farine ordinaire (tout usage)

15 ml/1 cuillère à soupe de levure chimique

10 ml/2 cuillères à café de cannelle moulue

3 oeufs

Le zeste râpé de 1 citron

30 ml/2 cuillères à soupe de sucre en poudre tamisé (confiserie)

Faire chauffer l'huile dans une petite poêle. Mélanger le sucre, la farine, la levure chimique et la cannelle. Dans un autre bol, battre les œufs et le zeste de citron jusqu'à consistance mousseuse. Incorporer les ingrédients secs et l'huile pour obtenir une pâte lisse. Versez la pâte dans un moule à pain bien graissé (roll pan) et faites cuire dans un four préchauffé à 180°C/350°F/thermostat 4 pendant 30 minutes, jusqu'à ce qu'ils soient dorés. Retourner, laisser refroidir, puis découper en triangles et saupoudrer les cookies (biscuits) de sucre en poudre.

# *Biscuits aux épices à l'ancienne*

Faites-le 24

75 g/3 oz/1/3 tasse de beurre ou de margarine

50g/2oz/¼ tasse de sucre en poudre (superfin)

45 ml/3 cuillères à soupe de mélasse noire

175 g/6 oz/¾ tasse de farine ordinaire (tout usage)

5 ml/1 cuillère à café de cannelle moulue

5 ml/1 cuillère à café d'épices mélangées moulues (tarte aux pommes).

2,5 ml/½ cuillère à café de gingembre moulu

2,5 ml/½ cuillère à café de bicarbonate de soude (bicarbonate de soude)

Faire fondre le beurre ou la margarine, le sucre et le sirop à feu doux. Mélanger la farine, les épices et le bicarbonate de soude dans un bol. Verser dans le mélange de sirop et remuer jusqu'à ce que le tout soit bien mélangé. Mélangez la pâte molle et formez des petites boules. Bien étaler sur une plaque graissée (biscuits) et aplatir à la fourchette. Cuire les cookies (biscuits) dans un four préchauffé à 180°C/350°F/température gaz 4 pendant 12 minutes, jusqu'à ce qu'ils soient fermes et dorés.

# *Buicuits à la mélasse*

Faites-le 24

75 g/3 oz/1/3 tasse de beurre ou de margarine, ramolli

100g/4oz/½ tasse de cassonade douce

1 jaune d'oeuf

30 ml/2 cuillères à soupe de mélasse (mélasse verte)

100 g/4 oz/1 tasse de farine ordinaire (tout usage)

5 ml/1 cuillère à café de bicarbonate de soude (bicarbonate de soude)

Pincée de sel

5 ml/1 cuillère à café de cannelle moulue

2,5 ml/½ c. à thé de clous de girofle moulus

Battre le beurre ou la margarine et le sucre jusqu'à consistance légère et mousseuse. Battre progressivement le jaune d'oeuf et la mélasse. Mélanger la farine, le bicarbonate de soude, le sel et les épices et incorporer au mélange. Couvrir et réfrigérer.

Roulez le mélange en boules de 3 cm/1½ et placez-les sur une plaque à pâtisserie graissée (pour les biscuits). Cuire les cookies (biscuits) dans un four préchauffé à 180°C/350°F/thermostat 4 pendant 10 minutes, jusqu'à ce qu'ils soient juste pris.

# Biscuits à la mélasse, abricots et noix

Donne environ 24

50 g/2 oz/¼ tasse de beurre ou de margarine

50g/2oz/¼ tasse de sucre en poudre (superfin)

50 g/2 oz/¼ tasse de cassonade douce

1 oeuf, légèrement battu

2,5 ml/½ cuillère à café de bicarbonate de soude (bicarbonate de soude)

30 ml/2 cuillères à soupe d'eau tiède

45 ml/3 cuillères à soupe de mélasse noire

25 g/1 oz d'abricots secs préparés, hachés

25 g/1 oz/¼ tasse de noix mélangées hachées

100 g/4 oz/1 tasse de farine ordinaire (tout usage)

Pincée de sel

Une pincée de clous de girofle moulus

Mélanger le beurre ou la margarine et les sucres jusqu'à consistance légère et mousseuse. Battez l'œuf petit à petit. Mélanger le bicarbonate de soude avec de l'eau, incorporer au mélange avec le reste des ingrédients. Déposer les cuillerées sur une plaque graissée (biscuits) et cuire au four préchauffé à 180°C/350°F/thermostat 4 pendant 10 minutes.

# *Biscuits à la mélasse et au babeurre*

Faites-le 24

50 g/2 oz/¼ tasse de beurre ou de margarine, ramolli

50 g/2 oz/¼ tasse de cassonade douce

150 ml/¼ pt/2/3 tasse de sirop de mélasse noire (mélasse)

150 ml/¼ pt/2/3 tasse de babeurre

175g/6oz/1½ tasses de farine ordinaire (tout usage)

2,5 ml/½ cuillère à café de bicarbonate de soude (bicarbonate de soude)

Battre le beurre ou la margarine et le sucre jusqu'à consistance légère et mousseuse, puis mélanger le sirop de mélasse et le babeurre en alternance avec la farine et le bicarbonate de soude. Déposer de grosses cuillerées sur une plaque graissée (biscuits) et cuire au four préchauffé à 190°C/375°F/thermostat 5 pendant 10 minutes.

# *Biscuits à la mélasse et au café*

Faites-le 24

60 g/2½ oz/1/3 tasse de saindoux (shortening)

50 g/2 oz/¼ tasse de cassonade douce

75 g/3 oz/¼ tasse de sirop de mélasse noire (mélasse)

2,5 ml/½ cuillère à café d'essence de vanille (extrait)

200g/7oz/1¾ tasse de farine ordinaire (tout usage)

5 ml/1 cuillère à café de bicarbonate de soude (bicarbonate de soude)

Pincée de sel

2,5 ml/½ cuillère à café de gingembre moulu

2,5 ml/½ cuillère à café de cannelle moulue

60 ml/4 cuillères à soupe de café noir froid

Mélanger le shortening et le sucre jusqu'à consistance légère et mousseuse. Incorporer la mélasse et l'essence de vanille. Mélanger la farine, le bicarbonate de soude, le sel et les épices et incorporer au mélange en alternance avec le café. Couvrir et réfrigérer plusieurs heures.

Abaisser la pâte à 5 mm/¼ d'épaisseur et découper des cercles de 5 cm/2 à l'aide d'un emporte-pièce. Placer les biscuits sur une ou plusieurs plaques à biscuits non graissées et cuire au four préchauffé à 190°C/375°F/thermostat 5 pendant 10 minutes, jusqu'à ce qu'ils soient fermes au toucher.

# *Biscuits à base de mélasse et de dattes*

Donne environ 24

50 g/2 oz/¼ tasse de beurre ou de margarine, ramolli

50g/2oz/¼ tasse de sucre en poudre (superfin)

50 g/2 oz/¼ tasse de cassonade douce

1 oeuf, légèrement battu

2,5 ml/½ cuillère à café de bicarbonate de soude (bicarbonate de soude)

30 ml/2 cuillères à soupe d'eau tiède

45 ml/3 cuillères à soupe de mélasse noire

25 g/1 oz/¼ tasse de dattes dénoyautées, tranchées

100 g/4 oz/1 tasse de farine ordinaire (tout usage)

Pincée de sel

Une pincée de clous de girofle moulus

Mélanger le beurre ou la margarine et les sucres jusqu'à consistance légère et mousseuse. Battez l'œuf petit à petit. Mélanger le bicarbonate de soude avec l'eau, puis incorporer au mélange avec le reste des ingrédients. Déposer les cuillerées sur une plaque graissée (biscuits) et cuire au four préchauffé à 180°C/350°F/thermostat 4 pendant 10 minutes.

# Biscuits à la mélasse et au gingembre

Faites-le 24

50 g/2 oz/¼ tasse de beurre ou de margarine, ramolli

50 g/2 oz/¼ tasse de cassonade douce

150 ml/¼ pt/2/3 tasse de sirop de mélasse noire (mélasse)

150 ml/¼ pt/2/3 tasse de babeurre

175g/6oz/1½ tasses de farine ordinaire (tout usage)

2,5 ml/½ cuillère à café de bicarbonate de soude (bicarbonate de soude)

2,5 ml/½ cuillère à café de gingembre moulu

1 oeuf, battu, pour le glaçage

Battre le beurre ou la margarine et le sucre jusqu'à consistance légère et mousseuse, puis incorporer le sirop de mélasse et le babeurre en alternance avec la farine, le bicarbonate de soude et le gingembre moulu. A l'aide de grandes cuillères, placez-les sur une plaque à pâtisserie graissée (biscuits) et badigeonnez-les d'un œuf battu sur le dessus. Cuire au four préchauffé à 190°C/375°F/thermostat 5 pendant 10 minutes.

# Biscuits à la vanille

Faites-le 24

150 g/5 oz/2/3 tasse de beurre ou de margarine, ramolli

100g/4oz/½ tasse de sucre dur (superfin)

1 oeuf, battu

225 g/8 oz/2 tasses de farine auto-levante (auto-levante)

Pincée de sel

10 ml/2 càc d'essence de vanille (extrait)

Cerises glacées (confites) pour la décoration

Battre le beurre ou la margarine et le sucre jusqu'à consistance légère et mousseuse. Battez les œufs petit à petit, puis ajoutez la farine, le sel et l'essence de vanille et mélangez en une pâte. Pétrir jusqu'à consistance lisse. Envelopper de film alimentaire (pellicule plastique) et réfrigérer 20 minutes.

Étalez la pâte finement et découpez des cercles à l'aide d'un emporte-pièce. Disposer sur une plaque à pâtisserie graissée (biscuit) et déposer une cerise sur chacun. Cuire les biscuits dans un four préchauffé à 180°C/350°F/thermostat 4 pendant 10 minutes jusqu'à ce qu'ils soient dorés. Laisser refroidir sur la plaque de cuisson pendant 10 minutes avant de transférer sur une grille pour refroidir.

# *Biscuits aux noix*

Faire 36

100 g/4 oz/½ tasse de beurre ou de margarine, ramolli

100g/4oz/½ tasse de cassonade douce

100g/4oz/½ tasse de sucre dur (superfin)

1 gros oeuf, légèrement battu

200g/7oz/1¾ tasse de farine ordinaire (tout usage)

5 ml/1 cuillère à café de levure chimique

2,5 ml/½ cuillère à café de bicarbonate de soude (bicarbonate de soude)

120 ml/4 oz/½ tasse de babeurre

50 g/2 oz/½ tasse de noix, hachées

Mélanger le beurre ou la margarine et les sucres jusqu'à consistance mousseuse. Incorporer progressivement l'œuf, puis ajouter la farine, la levure chimique et le bicarbonate de soude en alternance avec le babeurre. Incorporez les noix. Déposer par petites cuillerées sur une (des) plaque(s) à biscuits graissée(s) et faire cuire le(s) biscuit(s) dans un four préchauffé à 190°C/375°F/thermostat 5 pendant 10 minutes.

# *Sablés*

Faites-le 24

25 g/1 oz de levure fraîche ou 40 ml/2½ cuillères à soupe de levure sèche

450 ml/¾ pt/2 tasses de lait chaud

900 g/2 lb/8 tasses de farine ordinaire forte (pour le pain).

175 g/6 oz/¾ tasse de beurre ou de margarine, ramolli

30 ml/2 cuillères à soupe de miel pur

2 œufs, battus

Oeuf battu pour le glaçage

Mélanger la levure avec un peu de lait tiède et laisser chauffer 20 minutes. Mettez la farine dans un bol et frottez-y le beurre ou la margarine. Mélanger la levure, le reste du lait chaud, le miel et les œufs et mélanger en une pâte molle. Pétrir sur une surface légèrement farinée jusqu'à consistance lisse et élastique. Placer dans un bol huilé, couvrir d'un film alimentaire huilé (pellicule plastique) et laisser dans un endroit chaud pendant 1 heure pour doubler de volume.

Pétrissez à nouveau, puis formez de longs boudins plats et posez-les sur une plaque graissée (biscuits). Couvrir d'une feuille de papier alimentaire huilé et laisser dans un endroit chaud pendant 20 minutes.

Badigeonnez d'oeuf battu et faites cuire dans un four préchauffé à 200°C/400°F/thermostat 6 pendant 20 minutes. Laissez refroidir pendant la nuit.

Couper en fines tranches, puis cuire à nouveau dans le four préchauffé à 150°C/300°F/thermostat 2 pendant 30 minutes jusqu'à ce qu'ils soient croustillants et dorés.

# *Biscuits au cheddar*

Faire 12

50 g/2 oz/¼ tasse de beurre ou de margarine

200g/7oz/1¾ tasse de farine ordinaire (tout usage)

15 ml/1 cuillère à soupe de levure chimique

Pincée de sel

50 g/2 oz/½ tasse de fromage cheddar, râpé

175 ml/6 oz liq./¾ tasse de lait

Frotter le beurre ou la margarine dans la farine, la poudre à pâte et le sel jusqu'à ce que le mélange ressemble à de la chapelure. Incorporer le fromage, puis ajouter suffisamment de lait pour faire une pâte molle. Sur un plan de travail légèrement fariné, abaisser à environ 2 cm/¾ d'épaisseur et découper des cercles à l'aide d'un emporte-pièce. Disposez les biscuits (crackers) sur une plaque à pâtisserie non graissée et faites cuire dans un four préchauffé à 200°C/400°F/thermostat 6 pendant 15 minutes jusqu'à ce qu'ils soient dorés.

# *Biscuits au fromage bleu*

Faire 12

50 g/2 oz/¼ tasse de beurre ou de margarine

200g/7oz/1¾ tasse de farine ordinaire (tout usage)

15 ml/1 cuillère à soupe de levure chimique

50 g/2 oz/½ tasse de fromage Stilton, râpé ou émietté

175 ml/6 oz liq./¾ tasse de lait

Frotter le beurre ou la margarine dans la farine et la levure chimique jusqu'à ce que le mélange ressemble à de la chapelure. Incorporer le fromage, puis ajouter suffisamment de lait pour faire une pâte molle. Sur un plan de travail légèrement fariné, abaisser à environ 2 cm/¾ d'épaisseur et découper des cercles à l'aide d'un emporte-pièce. Disposez les biscuits (crackers) sur une plaque à pâtisserie non graissée et faites cuire dans un four préchauffé à 200°C/400°F/thermostat 6 pendant 15 minutes jusqu'à ce qu'ils soient dorés.

# *Biscuits au fromage et au sésame*

Faites-le 24

75 g/3 oz/1/3 tasse de beurre ou de margarine

75 g/3 oz/¾ tasse de farine de blé entier (blé entier)

75 g/3 oz/¾ tasse de fromage cheddar, râpé

30 ml/2 cuillères à soupe de graines de sésame

Sel et poivre noir fraîchement moulu

1 oeuf, battu

Frotter le beurre ou la margarine dans la farine jusqu'à ce que le mélange ressemble à de la chapelure. Incorporer le fromage et la moitié des graines de sésame et assaisonner de sel et de poivre. Presser ensemble pour former une pâte ferme. Étaler la pâte sur une surface légèrement farinée à environ 5 mm/¼ d'épaisseur et découper des cercles à l'aide d'un emporte-pièce. Déposer les biscuits (crackers) sur une plaque à pâtisserie graissée (biscuits), badigeonner d'œuf et saupoudrer du reste de sésame. Cuire au four préchauffé à 190°C/375°F/thermostat 5 pendant 10 minutes jusqu'à ce qu'ils soient dorés.

# *Pailles au fromage*

Faire 16

225g/8oz de pâte feuilletée

1 oeuf, battu

100 g/4 oz/1 tasse de cheddar ou de fromage à pâte dure, râpé

15 ml/1 cuillère à soupe de parmesan râpé

Sel et poivre noir fraîchement moulu

Abaisser la pâte (pâte) à environ 5 mm/¼ d'épaisseur et l'enrober généreusement d'œuf battu. Saupoudrer de fromage et assaisonner de sel et de poivre au goût. Couper en lanières, qui sont doucement roulées en spirales. Placer sur une plaque à biscuits humidifiée et cuire au four préchauffé à 220°C/425°F/thermostat 7 pendant environ 10 minutes, jusqu'à ce qu'ils soient gonflés et dorés.

# *Biscuits au fromage et tomates*

Faire 12

50 g/2 oz/¼ tasse de beurre ou de margarine

200g/7oz/1¾ tasse de farine ordinaire (tout usage)

15 ml/1 cuillère à soupe de levure chimique

Pincée de sel

50 g/2 oz/½ tasse de fromage cheddar, râpé

15 ml/1 cuillère à soupe de purée de tomates (pâte)

150 ml/¼ pt/2/3 tasse de lait

Frotter le beurre ou la margarine dans la farine, la poudre à pâte et le sel jusqu'à ce que le mélange ressemble à de la chapelure. Incorporer le fromage, puis incorporer la purée de tomates et suffisamment de lait pour faire une pâte molle. Sur un plan de travail légèrement fariné, abaisser à environ 2 cm/¾ d'épaisseur et découper des cercles à l'aide d'un emporte-pièce. Disposez les biscuits (crackers) sur une plaque à pâtisserie non graissée et faites cuire dans un four préchauffé à 200°C/400°F/thermostat 6 pendant 15 minutes jusqu'à ce qu'ils soient dorés.

# *Bouchées au fromage de chèvre*

Faites-en 30

2 feuilles de pâte filo surgelée (pâte), décongelées

50 g/2 oz/¼ tasse de beurre non salé, fondu

50 g/2 oz/½ tasse de fromage de chèvre coupé en dés

5 ml/1 cuillère à café Herbes de Provence

Graisser la plaque à pâtisserie phyllo avec du beurre fondu, placer la deuxième feuille dessus et tartiner de beurre. Couper en 30 carrés égaux, déposer un morceau de fromage sur chacun et saupoudrer d'herbes. Rapprochez les coins et tournez-les pour bien les sceller, puis badigeonnez-les à nouveau de beurre fondu. Placez-les sur une plaque à pâtisserie graissée (pour les biscuits) et faites cuire dans un four préchauffé à 180°C/350°F/thermostat 4 pendant 10 minutes jusqu'à ce qu'ils soient croustillants et dorés.

# *Roulés au jambon et à la moutarde*

Faire 16

225g/8oz de pâte feuilletée

30 ml/2 cuillères à soupe de moutarde française

100 g/4 oz/1 tasse de jambon cuit, haché

Sel et poivre noir fraîchement moulu

Abaisser la pâte (pâte) à environ 5 mm/¼ d'épaisseur. Tartiner de moutarde, puis saupoudrer de jambon et assaisonner de sel et de poivre. Rouler la pâte en forme de long boudin, puis couper en tranches de 1 cm/½ et étaler sur une plaque à pâtisserie humidifiée (pour les biscuits). Cuire au four préchauffé à 220°C/425°F/thermostat 7 pendant environ 10 minutes, jusqu'à ce qu'ils soient gonflés et dorés.

# *Biscuits au jambon et paprika*

Faites-en 30

225 g/8 oz/2 tasses de farine ordinaire (tout usage)

15 ml/1 cuillère à soupe de levure chimique

5 ml/1 cuillère à café de thym séché

5 ml/1 cuillère à café de sucre en poudre (superfin)

2,5 ml/½ cuillère à café de gingembre moulu

Une pincée de muscade râpée

Pincée de bicarbonate de soude (bicarbonate de soude)

Sel et poivre noir fraîchement moulu

50 g/2 oz/¼ tasse de shortening végétal (gras)

50 g/2 oz/½ tasse de jambon cuit, haché

30 ml/2 cuillères à soupe de poivron vert finement haché

175 ml/6 oz liq./¾ tasse de babeurre

Mélanger la farine, la levure chimique, le thym, le sucre, le gingembre, la muscade, le bicarbonate de soude, le sel et le poivre. Frotter la graisse végétale jusqu'à ce que le mélange ressemble à de la chapelure. Incorporer le jambon et le poivre. Ajouter progressivement le babeurre et mélanger en une pâte molle. Pétrir quelques secondes sur une surface légèrement farinée jusqu'à consistance lisse. Étaler à 2 cm/¾ d'épaisseur et couper en rondelles à l'emporte-pièce. Placer les biscuits, bien espacés, sur une (des) plaque(s) à biscuits graissée(s) et cuire dans un four préchauffé à 220°C/425°F/thermostat 7 pendant 12 minutes, jusqu'à ce qu'ils soient gonflés et dorés.

# *Biscuits aux herbes simples*

Faire 8

225 g/8 oz/2 tasses de farine ordinaire (tout usage)

15 ml/1 cuillère à soupe de levure chimique

5 ml/1 cuillère à café de sucre en poudre (superfin)

2,5 ml/½ cuillère à café de sel

50 g/2 oz/¼ tasse de beurre ou de margarine

15 ml/1 cuillère à soupe de ciboulette fraîche hachée

Une pincée de paprika

Poivre noir fraîchement moulu

45 ml/3 cuillères à soupe de lait

45 ml/3 cuillères à soupe d'eau

Mélanger la farine, la levure chimique, le sucre et le sel. Frotter le beurre ou la margarine jusqu'à ce que le mélange ressemble à de la chapelure. Mélanger la ciboulette, le paprika et le poivre au goût. Incorporer le lait et l'eau et mélanger en une pâte molle. Pétrir jusqu'à consistance lisse sur une surface légèrement farinée, puis étaler à 2 cm/¾ d'épaisseur et découper des cercles avec un emporte-pièce. Placez les biscuits (crackers) bien écartés sur une plaque (biscuit) graissée et faites cuire dans un four préchauffé à 200°C/400°F/thermostat 6 pendant 15 minutes jusqu'à ce qu'ils soient gonflés et dorés.

# *Biscuits indiens*

Pour 4 personnes

100 g/4 oz/1 tasse de farine ordinaire (tout usage)

100 g/4 oz/1 tasse de semoule (crème de blé)

175 g/6 oz/¾ tasse de sucre (superfin)

75 g/3 oz/¾ tasse de farine de gramme

175 g/6 oz/¾ tasse de ghee

Mélangez tous les ingrédients dans un bol, puis frottez-les ensemble avec vos paumes pour faire une pâte ferme. Vous aurez peut-être besoin d'un peu plus de ghee si le mélange est trop sec. Former de petites boules et les presser dans des moules à biscuits (crackers). Placer sur une plaque à pâtisserie graissée et tapissée (pour les biscuits) et cuire dans un four préchauffé à 150°C/300°F/thermostat 2 pendant 30 à 40 minutes jusqu'à ce qu'ils soient légèrement dorés. De petites fissures peuvent apparaître lors de la cuisson des biscuits.

# *Pâte brisée aux noisettes et échalotes*

Faire 12

75 g/3 oz/1/3 tasse de beurre ou de margarine, ramolli

175 g/6 oz/1½ tasse de farine de blé entier (blé entier)

10 ml / 2 cuillères à café de levure chimique

1 échalote, hachée finement

50 g/2 oz/½ tasse de noisettes hachées

10 ml / 2 cuillères à café de paprika

15 ml/1 cuillère à soupe d'eau froide

Frotter le beurre ou la margarine dans la farine et la levure chimique jusqu'à ce que le mélange ressemble à de la chapelure. Incorporer les échalotes, les noisettes et le paprika. Ajouter de l'eau froide et presser pour former une pâte. Étaler et presser dans un moule à roulé de 30 x 20 cm/12 x 8 et suisse (moule à roulé en gelée) et piquer partout avec une fourchette. Marque aux doigts. Cuire dans un four préchauffé à 200°C/400°F/thermostat 6 pendant 10 minutes jusqu'à ce qu'ils soient dorés.

# *Biscuits au saumon et à l'aneth*

Faire 12

225 g/8 oz/2 tasses de farine ordinaire (tout usage)

5 ml/1 cuillère à café de sucre en poudre (superfin)

2,5 ml/½ cuillère à café de sel

20 ml / 4 cuillères à café de levure chimique

100 g/4 oz/½ tasse de beurre ou de margarine, coupé en dés

90 ml/6 cuillères à soupe d'eau

90 ml/6 cuillères à soupe de lait

100 g/4 oz/1 tasse de parures de saumon fumé, coupées en dés

60 ml/4 cuillères à soupe d'aneth frais haché (herbe d'aneth)

Mélanger la farine, le sucre, le sel et la levure chimique, puis frotter le mélange dans le beurre ou la margarine jusqu'à ce qu'il ressemble à de la chapelure. Incorporer progressivement le lait et l'eau et mélanger en une pâte molle. Incorporer le saumon et l'aneth et remuer jusqu'à consistance lisse. Étaler à 2,5 cm/1 et découper des rondelles à l'emporte-pièce. Placer les biscuits (crackers) bien écartés sur une plaque (biscuit) graissée et cuire dans un four préchauffé à 220°C/425°F/thermostat 7 pendant 15 minutes jusqu'à ce qu'ils soient gonflés et dorés.

# *Biscuits au soda*

Faire 12

45 ml/3 cuillères à soupe de saindoux (saindoux)

225 g/8 oz/2 tasses de farine ordinaire (tout usage)

5 ml/1 cuillère à café de bicarbonate de soude (bicarbonate de soude)

5 ml/1 cuillère à café d'acide tartrique

Pincée de sel

250 ml/8 oz/1 tasse de babeurre

Frotter le saindoux dans la farine, le bicarbonate de soude, la crème de tartre et le sel jusqu'à ce que le mélange ressemble à de la chapelure. Incorporer le lait et mélanger en une pâte molle. Sur un plan de travail légèrement fariné, abaisser à 1 cm/½ d'épaisseur et découper à l'emporte-pièce. Placer les biscuits (crackers) sur une plaque à pâtisserie graissée (biscuits) et cuire dans un four préchauffé à 230°C/450°F/thermostat 8 pendant 10 minutes jusqu'à ce qu'ils soient dorés.

# *Roses aux tomates et au parmesan*

Faire 16

225g/8oz de pâte feuilletée

30 ml/2 cuillères à soupe de purée de tomates (pâte)

100 g/4 oz/1 tasse de parmesan, râpé

Sel et poivre noir fraîchement moulu

Abaisser la pâte (pâte) à environ 5 mm/¼ d'épaisseur. Tartiner de purée de tomates, puis saupoudrer de fromage et assaisonner de sel et de poivre. Rouler la pâte en forme de long boudin, puis couper en tranches de 1 cm/½ et étaler sur une plaque à pâtisserie humidifiée (pour les biscuits). Cuire au four préchauffé à 220°C/425°F/thermostat 7 pendant environ 10 minutes, jusqu'à ce qu'ils soient gonflés et dorés.

# *Biscuits à la tomate et aux herbes*

Faire 12

225 g/8 oz/2 tasses de farine ordinaire (tout usage)

5 ml/1 cuillère à café de sucre en poudre (superfin)

2,5 ml/½ cuillère à café de sel

40 ml / 2½ cuillères à soupe de levure chimique

100g/4oz/½ tasse de beurre ou de margarine

30 ml/2 cuillères à soupe de lait

30 ml/2 cuillères à soupe d'eau

4 tomates mûres, pelées, épépinées et tranchées

45 ml/3 cuillères à soupe de basilic frais haché

Mélanger la farine, le sucre, le sel et la levure chimique. Frotter le beurre ou la margarine jusqu'à ce que le mélange ressemble à de la chapelure. Incorporer le lait, l'eau, les tomates et le basilic et mélanger en une pâte molle. Pétrir quelques secondes sur un plan légèrement fariné, puis étaler à 2,5 cm/1 et découper des cercles à l'emporte-pièce. Placez les biscuits bien écartés sur une ou plusieurs plaques à biscuits graissées et faites cuire dans un four préchauffé à 230°C/425°F/thermostat 7 pendant 15 minutes, jusqu'à ce qu'ils soient gonflés et dorés.

# *Pain blanc de base*

Donne trois pains de 450 g/1 lb

25 g/1 oz de levure fraîche ou 40 ml/2½ cuillères à soupe de levure sèche

10 ml/2 cuillères à café de sucre

900 ml/1½ pt/3¾ tasses d'eau tiède

25 g/1 oz/2 cuillères à soupe de shortening

1,5 kg/3 lb/12 tasses de farine ordinaire forte (pain)

15 ml/1 cuillère à soupe de sel

Mélangez la levure avec le sucre et un peu d'eau tiède et laissez-la dans un endroit chaud pendant 20 minutes pour faire mousser. Frotter le saindoux dans la farine et le sel, puis incorporer le mélange de levure et suffisamment d'eau restante pour former une pâte ferme qui laisse les parois du bol propres. Pétrir sur un plan légèrement fariné ou au mixeur jusqu'à ce qu'il devienne élastique et non collant. Placer la pâte dans un bol huilé, couvrir d'un film alimentaire huilé (pellicule plastique) et laisser dans un endroit chaud pendant environ 1 heure, jusqu'à ce qu'elle double de volume et soit élastique au toucher.

Pétrissez à nouveau la pâte jusqu'à ce qu'elle soit ferme, divisez-la en trois et placez-la dans des moules à pain graissés de 450 g (moules à pâtisserie) ou façonnez les pains de votre choix. Couvrir et laisser lever dans un endroit chaud pendant environ 40 minutes, afin que la pâte arrive juste au-dessus du haut des moules.

Cuire dans un four préchauffé à 230°C/450°F/thermostat 8 pendant 30 minutes, jusqu'à ce que les pains commencent à rétrécir des parois des moules et soient dorés et fermes et creux lorsqu'on les tape sur le fond.

# Bagels

Faire 12

15 g/½ oz de levure fraîche ou 20 ml/4 càc de levure sèche

5 ml/1 cuillère à café de sucre en poudre (superfin)

300 ml/½ pt/1¼ tasse de lait chaud

50 g/2 oz/¼ tasse de beurre ou de margarine

450 g/1 lb/4 tasses de farine ordinaire forte (pour le pain).

Pincée de sel

1 jaune d'oeuf

30 ml/2 cuillères à soupe de graines de pavot

Mélangez la levure avec le sucre et un peu de lait chaud et laissez-la dans un endroit chaud pendant 20 minutes pour faire mousser. Frottez le beurre ou la margarine dans la farine et le sel et faites un puits au milieu. Ajouter la levure, le lait tiède restant et le jaune d'oeuf et mélanger une pâte lisse. Pétrir jusqu'à ce que la pâte devienne élastique et ne colle plus. Placer dans un bol huilé, couvrir d'un film alimentaire huilé (pellicule plastique) et laisser dans un endroit chaud pendant environ 1 heure pour doubler de volume.

Pétrissez légèrement la pâte, puis coupez-la en 12 morceaux. Rouler chacun en une bande d'environ 15 cm de long et rouler en cercle. Déposer sur une plaque graissée (biscuits), couvrir et laisser lever 15 minutes.

Portez une grande casserole d'eau à ébullition, puis réduisez le feu pour laisser mijoter. Plongez l'anneau dans l'eau bouillante et faites cuire 3 minutes, tournez une fois, puis retirez et placez sur une plaque à pâtisserie (biscuit). Continuer avec les bagels restants. Saupoudrez les bagels de graines de pavot et faites cuire dans un four préchauffé à 230°C/450°F/thermostat 8 pendant 20 minutes jusqu'à ce qu'ils soient dorés.

# *Baps*

Faire 12

25 g/1 oz de levure fraîche ou 40 ml/2½ cuillères à soupe de levure sèche

5 ml/1 cuillère à café de sucre en poudre (superfin)

150 ml/¼ pt/2/3 tasse de lait chaud

50 g/2 oz/¼ tasse de saindoux (graisse grasse)

450 g/1 lb/4 tasses de farine ordinaire forte (pour le pain).

5 ml/1 cuillère à café de sel

150 ml/¼ pt/2/3 tasse d'eau tiède

Mélangez la levure avec le sucre et un peu de lait chaud et laissez-la dans un endroit chaud pendant 20 minutes pour faire mousser. Frotter le saindoux dans la farine, puis incorporer le sel et faire un puits au milieu. Ajouter la levure, le reste du lait et de l'eau et mélanger une pâte molle. Pétrir jusqu'à ce qu'il soit élastique et non collant. Placer dans un bol huilé et couvrir d'un film alimentaire huilé (pellicule plastique). Laisser dans un endroit chaud jusqu'à ce qu'elle double de volume, environ 1 heure.

Façonner la pâte en 12 rouleaux plats et les déposer sur une plaque à pâtisserie graissée. Laisser lever 15 minutes.

Cuire dans un four préchauffé à 230°C/450°F/température du gaz 8 pendant 15-20 minutes, jusqu'à ce qu'ils soient bien gonflés et dorés.

# *Pain d'orge crémeux*

Donne un pain de 900 g/2 lb

15 g/½ oz de levure fraîche ou 20 ml/4 càc de levure sèche

Une pincée de sucre

350 ml/12 fl oz/1½ tasse d'eau tiède

400 g/14 oz/3½ tasses de farine ordinaire forte (pour le pain).

175 g/6 oz/1½ tasse de farine d'orge

Pincée de sel

45 ml/3 cuillères à soupe de crème liquide (légère)

Mélangez la levure avec le sucre et un peu d'eau tiède et laissez-la dans un endroit chaud pendant 20 minutes pour faire mousser. Mélanger la farine et le sel dans un bol, ajouter le mélange de levure, la crème et l'eau restante et mélanger une pâte ferme. Pétrissez jusqu'à consistance lisse et ne colle plus. Placer dans un bol huilé, couvrir d'un film alimentaire huilé (pellicule plastique) et laisser dans un endroit chaud pendant environ 1 heure pour doubler de volume.

Pétrissez à nouveau légèrement, puis façonnez dans un moule graissé de 900 g (moule à pâtisserie), couvrez et laissez reposer dans un endroit chaud pendant 40 minutes pour permettre à la pâte de monter au-dessus du moule.

Cuire dans un four préchauffé à 220°C/425°F/thermostat 7 pendant 10 minutes, puis réduire la température du four à 190°C/375°F/thermostat 5 et cuire encore 25 minutes jusqu'à ce qu'ils soient dorés et creux. . - son lors de la frappe de la base.

# *Pain à la bière*

Donne un pain de 900 g/2 lb

450 g/1 lb/4 tasses de farine auto-levante (auto-levante)

5 ml/1 cuillère à café de sel

350 ml/12 oz/1½ tasse de bière blonde

Mélanger les ingrédients en une pâte lisse. Former un moule à cake beurré de 900g/2lb, couvrir et laisser lever dans un endroit chaud pendant 20 minutes. Cuire dans un four préchauffé à 190°C/375°F/thermostat 5 pendant 45 minutes, jusqu'à ce qu'ils soient dorés et creux lorsqu'on tapote sur le fond.

# *Pain brun de Boston*

Donne trois pains de 450 g/1 lb

100 g/4 oz/1 tasse de farine de seigle

100 g/4 oz/1 tasse de semoule de maïs

100 g/4 oz/1 tasse de farine de blé entier (blé entier)

5 ml/1 cuillère à café de bicarbonate de soude (bicarbonate de soude)

5 ml/1 cuillère à café de sel

250 g/9 oz/¾ tasse de sirop de mélasse noire (mélasse)

500 ml/16 fl oz/2 tasses de babeurre

175 g/6 oz/1 tasse de raisins secs

Mélanger les ingrédients secs, puis incorporer le sirop de mélasse, le babeurre et les raisins secs et mélanger en une pâte molle. Verser le mélange dans trois moules à pudding graissés de 450 g/1 lb, couvrir de papier graissé (ciré) et de papier d'aluminium et attacher avec de la ficelle pour sceller le dessus. Placer dans une grande casserole et remplir avec suffisamment d'eau chaude pour arriver à mi-hauteur des côtés de la casserole. Faire bouillir l'eau, couvrir la casserole et laisser bouillir pendant 2 heures et demie, en ajoutant de l'eau bouillante si nécessaire. Retirez les bols de la plaque de cuisson et laissez-les refroidir un peu. Servir chaud avec du beurre.

# Pots de fleurs de son

faire 3

25 g/1 oz de levure fraîche ou 40 ml/2½ cuillères à soupe de levure sèche

5 ml/1 cuillère à café de sucre

600 ml/1 pt/2½ tasses d'eau tiède

675 g/1½ lb/6 tasses de farine de blé entier (blé entier)

25 g/1 oz/¼ tasse de farine de soja

5 ml/1 cuillère à café de sel

50 g/2 oz/1 tasse de son

Lait pour le glaçage

45 ml/3 cuillères à soupe de blé concassé

Vous aurez besoin de trois pots de fleurs en argile propres et neufs de 13 cm/5. Beurrez-les bien et faites-les cuire à four chaud pendant 30 minutes pour qu'ils n'éclatent pas.

Mélanger la levure avec le sucre et un peu d'eau tiède et laisser mousser. Mélanger la farine, le sel et le son et faire un puits au milieu. Mélanger l'eau tiède et le mélange de levure et pétrir une pâte ferme. Retourner sur une surface farinée et pétrir pendant environ 10 minutes jusqu'à consistance lisse et élastique. Une autre option consiste à le faire dans un robot culinaire. Placer la pâte dans un bol propre, couvrir d'un film alimentaire huilé (film plastique) et laisser lever dans un endroit chaud pendant environ 1 heure jusqu'à ce qu'elle double de volume.

Retourner sur un plan de travail fariné et pétrir à nouveau pendant 10 minutes. Formez trois pots de fleurs graissés, couvrez et laissez lever pendant 45 minutes, afin que la pâte dépasse du haut des pots.

Badigeonner la pâte de lait et saupoudrer de céréales concassées. Cuire au four préchauffé à 230°C/450°F/thermostat 8 pendant 15 minutes. Baissez la température du four à

200°C/400°F/thermostat 6 et faites cuire encore 30 minutes jusqu'à ce qu'ils soient bien gonflés et fermes. Retirer et laisser refroidir.

## *Rouleaux de beurre*

Faire 12

450g / 1lb de pâte à pain blanche de base

100 g/4 oz/½ tasse de beurre ou de margarine, coupé en dés

Préparez la pâte à pain et laissez-la lever jusqu'à ce qu'elle double de volume et soit élastique au toucher.

Pétrissez à nouveau la pâte et mélangez-y le beurre ou la margarine. Former 12 boulettes et les disposer bien espacées sur une plaque graissée (biscuit). Couvrir d'un film alimentaire huilé (pellicule plastique) et laisser lever dans un endroit chaud pendant environ 1 heure jusqu'à ce qu'elle double de volume.

Cuire dans un four préchauffé à 230°C/450°F/thermostat 8 pendant 20 minutes, jusqu'à ce qu'ils soient dorés et creux lorsqu'on tapote sur le fond.

# *Pain au babeurre*

Donne un pain de 675 g/1½ lb

450 g/1 lb/4 tasses de farine ordinaire (tout usage)

5 ml/1 cuillère à café d'acide tartrique

5 ml/1 cuillère à café de bicarbonate de soude (bicarbonate de soude)

250 ml/8 oz/1 tasse de babeurre

Mélanger la farine, la crème de vin et le bicarbonate de soude dans un bol et faire un puits au milieu. Incorporer suffisamment de babeurre pour faire une pâte molle. Former un cercle et déposer sur une plaque à biscuits graissée. Cuire au four préchauffé à 220°C/425°F/thermostat 7 pendant 20 minutes, jusqu'à ce qu'ils soient bien gonflés et dorés.

# *Pain de Maïs Canadien*

Pour un pain de 23 cm/9

150g/5oz/1¼ tasses de farine ordinaire (tout usage)

75 g/3 oz/¾ tasse de semoule de maïs

15 ml/1 cuillère à soupe de levure chimique

2,5 ml/½ cuillère à café de sel

100 g/4 oz/1/3 tasse de sirop d'érable

100 g/4 oz/½ tasse de saindoux (saindoux raccourci), fondu

2 œufs, battus

Mélanger les ingrédients secs, puis incorporer le sirop, le shortening et les œufs et mélanger jusqu'à ce que le tout soit bien mélangé. Verser dans un moule graissé de 23 cm/9 (plaque à pâtisserie) et cuire dans un four préchauffé à 220°C/425°F/thermostat 7 pendant 25 minutes, jusqu'à ce qu'il soit bien gonflé et doré et qu'il commence à rétrécir sur les côtés . d'étain.

# *Petits pains de Cornouailles*

Faire 12

25 g/1 oz de levure fraîche ou 40 ml/2½ cuillères à soupe de levure sèche

15 ml/1 cuillère à soupe de sucre (surfin).

300 ml/½ pt/1¼ tasse de lait chaud

50 g/2 oz/¼ tasse de beurre ou de margarine

450 g/1 lb/4 tasses de farine ordinaire forte (pour le pain).

Pincée de sel

Mélangez la levure avec le sucre et un peu de lait chaud et laissez-la dans un endroit chaud pendant 20 minutes pour faire mousser. Frottez le beurre ou la margarine dans la farine et le sel et faites un puits au milieu. Ajouter la levure et le lait restant et mélanger une pâte molle. Pétrir jusqu'à ce qu'il soit élastique et non collant. Placer dans un bol huilé et couvrir d'un film alimentaire huilé (pellicule plastique). Laisser dans un endroit chaud jusqu'à ce qu'elle double de volume, environ 1 heure.

Façonner la pâte en 12 rouleaux plats et les déposer sur une plaque à pâtisserie graissée. Couvrir d'un papier alimentaire huilé et laisser lever 15 minutes.

Cuire dans un four préchauffé à 230°C/450°F/température du gaz 8 pendant 15-20 minutes, jusqu'à ce qu'ils soient bien gonflés et dorés.

# *Pain de campagne*

Donne six petits pains

10 ml / 2 cuillères à café de levure sèche

15 ml/1 cuillère à soupe de miel pur

120 ml/4 oz/½ tasse d'eau tiède

350 g/12 oz/3 tasses de farine ordinaire (à pain) résistante

5 ml/1 cuillère à café de sel

50 g/2 oz/¼ tasse de beurre ou de margarine

5 ml/1 cuillère à café de graines de cumin

5 ml/1 cuillère à café de coriandre moulue

5 ml/1 cuillère à café de cardamome moulue

120 ml/4 fl oz/½ tasse de lait chaud

60 ml/4 cuillères à soupe de graines de sésame

Mélanger la levure et le miel avec 45 ml/3 cuillères à soupe d'eau tiède et 15 ml/1 cuillère à soupe de farine et laisser dans un endroit chaud pendant environ 20 minutes pour faire mousser. Mélanger le reste de farine avec du sel, puis incorporer le beurre ou la margarine et mélanger le cumin, la coriandre et la cardamome et faire un puits au milieu. Mélanger la levure, l'eau restante et suffisamment de lait pour obtenir une pâte lisse. Bien pétrir jusqu'à ce qu'il soit ferme et ne colle plus. Placer dans un bol huilé, couvrir d'un film alimentaire huilé (pellicule plastique) et laisser dans un endroit chaud pendant environ 30 minutes pour doubler de volume.

Pétrissez à nouveau la pâte, puis façonnez-la en boules. Placer sur une plaque à pâtisserie graissée (biscuits) et couvrir de lait. Saupoudrer de sésame. Couvrir d'un papier alimentaire huilé et laisser lever 15 minutes.

Cuire dans un four préchauffé à 200°C/400°F/température gaz 6 pendant 30 minutes jusqu'à ce qu'ils soient dorés.

## *Tresse coquelicot country*

Donne un pain de 450g/1lb

275 g/10 oz/2½ tasses de farine ordinaire (tout usage)

25 g/1 oz/2 cuillères à soupe de sucre en poudre (superfin)

5 ml/1 cuillère à café de sel

10 ml/2 cuillères à café de levure sèche pour un mélange facile

175 ml/6 oz liq./¾ tasse de lait

25 g/1 oz/2 cuillères à soupe de beurre ou de margarine

1 oeuf

Un peu de lait ou de blanc d'oeuf pour le glaçage

30 ml/2 cuillères à soupe de graines de pavot

Mélanger la farine, le sucre, le sel et la levure. Faire chauffer le lait avec le beurre ou la margarine, puis incorporer la farine et l'œuf et pétrir une pâte ferme. Pétrir jusqu'à ce qu'il soit élastique et non collant. Placer dans un bol huilé, couvrir d'un film alimentaire huilé (pellicule plastique) et laisser dans un endroit chaud pendant environ 1 heure pour doubler de volume.

Pétrissez à nouveau et formez trois boudins d'environ 20 cm de long. Mouillez une extrémité de chaque bande et pincez-les ensemble, puis tressez les bandes ensemble, mouillez et collez les extrémités. Placer sur une plaque (à biscuits) graissée, couvrir d'un film alimentaire huilé et laisser lever pendant environ 40 minutes jusqu'à ce qu'elle ait doublé de volume.

Badigeonner de lait ou de blanc d'œuf et saupoudrer de graines de pavot. Cuire au four préchauffé à 190°C/375°F/thermostat 5 pendant environ 45 minutes jusqu'à ce qu'ils soient dorés.

# *Pain de campagne complet*

Donne deux pains de 450 g/1 lb

20 ml / 4 cuillères à café de levure sèche

5 ml/1 cuillère à café de sucre en poudre (superfin)

600 ml/1 pt/2½ tasses d'eau tiède

25 g/1 oz/2 cuillères à soupe de shortening végétal (gras)

800 g/1¾ lb/7 tasses de farine de blé entier (blé entier)

10 ml/2 cuillères à café de sel

10 ml/2 cuillères à café d'extrait de malt

1 oeuf, battu

25 g/1 oz/¼ tasse de blé concassé

Mélanger la levure avec le sucre et un peu d'eau tiède et laisser mousser environ 20 minutes. Frottez la graisse dans la farine, le sel et l'extrait de malt et faites un puits au milieu. Incorporer la levure et l'eau tiède restante et mélanger en une pâte molle. Bien pétrir pour qu'il devienne élastique et non collant. Placer dans un bol huilé, couvrir d'un film alimentaire huilé (pellicule plastique) et laisser dans un endroit chaud pendant environ 1 heure pour doubler de volume.

Pétrir à nouveau la pâte et façonner en deux moules à pain graissés de 450 g/1 lb. Laisser lever dans un endroit chaud pendant environ 40 minutes, jusqu'à ce que la pâte lève juste au-dessus des sommets des moules.

Badigeonner généreusement le dessus des pains d'œuf et saupoudrer de blé concassé. Cuire dans un four préchauffé à 230°C/450°F/thermostat 8 pendant environ 30 minutes, jusqu'à ce qu'ils soient dorés et creux lorsqu'on tapote sur le fond.

## *Tresses au curry*

Donne deux pains de 450 g/1 lb

120 ml/4 oz/½ tasse d'eau tiède

30 ml/2 cuillères à soupe de levure sèche

225 g/8 oz/2/3 tasse de miel pur

25 g/1 oz/2 cuillères à soupe de beurre ou de margarine

30 ml/2 cuillères à soupe de curry en poudre

675 g/1½ lb/6 tasses de farine ordinaire (tout usage)

10 ml/2 cuillères à café de sel

450 ml/¾ pt/2 tasses de babeurre

1 oeuf

10 ml / 2 cuillères à café d'eau

45 ml/3 cuillères à soupe d'amandes effilées

Mélanger l'eau avec la levure et 5 ml/1 cuillère à café de miel et laisser reposer pendant 20 minutes jusqu'à ce qu'il soit mousseux. Faire fondre le beurre ou la margarine, incorporer le curry et cuire à feu doux pendant 1 minute. Incorporer le miel restant et retirer du feu. Mettez la moitié de la farine et du sel dans un saladier et creusez un puits au milieu. Ajouter le mélange de levure, le mélange de miel et le babeurre et ajouter progressivement le reste de farine à la pâte molle tout en mélangeant. Pétrir jusqu'à consistance lisse et élastique. Placer dans un bol huilé, couvrir d'un film alimentaire huilé et laisser reposer dans un endroit chaud pendant environ 1 heure pour doubler de volume.

Pétrissez à nouveau et divisez la pâte en deux. Couper chaque morceau en trois et étaler à 20cm/8 en forme de boudin. Humidifiez une extrémité de chaque bande et pincez-les en deux séries de trois pour sceller. Tressez les deux ensembles de bandes et collez les extrémités. Déposer sur une plaque à pâtisserie graissée (biscuits), couvrir de papier d'aluminium huilé (pellicule plastique) et laisser lever pendant environ 40 minutes jusqu'à ce qu'ils aient doublé de volume.

Battre les œufs avec de l'eau et napper les brioches au pinceau, puis les saupoudrer d'amandes. Cuire dans un four préchauffé à 190°C/375°F/thermostat 5 pendant 40 minutes, jusqu'à ce qu'ils soient dorés et creux lorsqu'on tapote sur le fond.

## *Divisions du Devon*

Faire 12

25 g/1 oz de levure fraîche ou 40 ml/2½ cuillères à soupe de levure sèche

5 ml/1 cuillère à café de sucre en poudre (superfin)

150 ml/¼ pt/2/3 tasse de lait chaud

50 g/2 oz/¼ tasse de beurre ou de margarine

450 g/1 lb/4 tasses de farine ordinaire forte (pour le pain).

150 ml/¼ pt/2/3 tasse d'eau tiède

Mélangez la levure avec le sucre et un peu de lait chaud et laissez-la dans un endroit chaud pendant 20 minutes jusqu'à ce qu'elle mousse. Frottez le beurre ou la margarine dans la farine et faites un puits au milieu. Ajouter la levure, le reste du lait et de l'eau et mélanger une pâte molle. Pétrir jusqu'à ce qu'il soit élastique et non collant. Placer dans un bol huilé et couvrir d'un film alimentaire huilé (pellicule plastique). Laisser dans un endroit chaud jusqu'à ce qu'elle double de volume, environ 1 heure.

Façonner la pâte en 12 rouleaux plats et les déposer sur une plaque à pâtisserie graissée. Laisser lever 15 minutes.

Cuire au four préchauffé à 230°C/450°F/thermostat 8 pendant 15-20 minutes, jusqu'à ce qu'ils soient bien gonflés et dorés.

# *Pain aux fruits germe de blé*

Donne un pain de 900 g/2 lb

225 g/8 oz/2 tasses de farine ordinaire (tout usage)

5 ml/1 cuillère à café de sel

5 ml/1 cuillère à café de bicarbonate de soude (bicarbonate de soude)

5 ml/1 cuillère à café de levure chimique

175 g/6 oz/1½ tasse de germe de blé

100 g/4 oz/1 tasse de semoule de maïs

100 g/4 oz/1 tasse de flocons d'avoine

350 g/12 oz/2 tasses de raisins secs (raisins dorés)

1 oeuf, légèrement battu

250 ml/8 oz/1 tasse de yogourt nature

150 ml/¼ pt/2/3 tasse de sirop de mélasse noire (mélasse)

60 ml/4 cuillères à soupe de sirop doré (maïs clair)

30 ml/2 cuillères à soupe d'huile

Mélanger les ingrédients secs et les raisins secs et faire un puits au milieu. Mélanger l'œuf, le yaourt, le sirop de mélasse et l'huile, puis mélanger aux ingrédients secs et mélanger en une pâte molle. Former un moule beurré de 900g/2lb (plaque de cuisson) et faire cuire dans un four préchauffé à 180°C/350°F/thermostat 4 pendant 1 heure, jusqu'à consistance ferme au toucher. Laisser refroidir dans le moule pendant 10 minutes avant de démouler sur une grille pour refroidir.

# *Tresses au lait de fruits*

Donne deux pains de 450 g/1 lb

15 g/½ oz de levure fraîche ou 20 ml/4 càc de levure sèche

5 ml/1 cuillère à café de sucre en poudre (superfin)

450 ml/¾ pt/2 tasses de lait chaud

50 g/2 oz/¼ tasse de beurre ou de margarine

675 g/1½ lb/6 tasses de farine ordinaire (tout usage)

Pincée de sel

100 g/4 oz/2/3 tasse de raisins secs

25 g/1 oz/3 cuillères à soupe de groseilles

25 g/1 oz/3 cuillères à soupe d'écorces mélangées hachées (confites)

Glaçage lait

Mélanger la levure avec le sucre et un peu de lait chaud. Laisser reposer dans un endroit chaud pendant environ 20 minutes jusqu'à consistance mousseuse. Frottez le beurre ou la margarine dans la farine et le sel, mélangez les raisins secs, les raisins de Corinthe et les écorces mélangées et faites un puits au milieu. Incorporer le reste de lait chaud et la levure et pétrir une pâte molle mais non collante. Placer dans un bol huilé et couvrir d'un film alimentaire huilé (pellicule plastique). Laisser dans un endroit chaud jusqu'à ce qu'elle double de volume, environ 1 heure.

Pétrir légèrement à nouveau, puis diviser en deux. Diviser chaque moitié en trois et rouler en forme de boudin. Humidifiez une extrémité de chaque rouleau et pressez doucement les trois ensemble, puis tressez la pâte, humidifiez et collez les extrémités. Répéter avec l'autre tresse de pâte. Déposer sur une plaque graissée (biscuits), recouvrir d'un film alimentaire huilé (film plastique) et laisser lever environ 15 minutes.

Badigeonnez d'un peu de lait, puis faites cuire dans un four préchauffé à 200°C/400°F/thermostat 6 pendant 30 minutes, jusqu'à ce qu'ils soient dorés et creux lorsque vous tapotez dessus.

# *Pain de fil*

Donne deux pains de 900 g/2 lb

25 g/1 oz de levure fraîche ou 40 ml/2½ cuillères à soupe de levure sèche

5 ml/1 cuillère à café de miel

450 ml/¾ pt/2 tasses d'eau tiède

350 g/12 oz/3 tasses de farine de blé entier

350 g/12 oz/3 tasses de farine de blé entier (blé entier)

15 ml/1 cuillère à soupe de sel

15 g/½ oz/1 cuillère à soupe de beurre ou de margarine

Mélangez la levure avec du miel et un peu d'eau tiède et laissez-la dans un endroit chaud pendant environ 20 minutes pour faire mousser. Mélanger la farine et le sel et frotter avec du beurre ou de la margarine. Mélanger le mélange de levure et suffisamment d'eau tiède pour obtenir une pâte lisse. Pétrir sur une surface légèrement farinée jusqu'à consistance lisse et non collante. Placer dans un bol huilé, couvrir d'un film alimentaire huilé (pellicule plastique) et laisser dans un endroit chaud pendant environ 1 heure pour doubler de volume.

Pétrir à nouveau et façonner en deux moules à pain graissés de 900 g/2 lb. Couvrir d'un papier alimentaire huilé et laisser lever jusqu'à ce que la pâte atteigne le haut des moules.

Cuire dans un four préchauffé à 220°C/425°F/thermostat 7 pendant 25 minutes, jusqu'à ce qu'ils soient dorés et creux lorsqu'on tapote sur le fond.

# *Rouleaux de grenier*

Faire 12

15 g/½ oz de levure fraîche ou 20 ml/2½ c. à soupe de levure sèche

5 ml/1 cuillère à café de sucre en poudre (superfin)

300 ml/½ pt/1¼ tasse d'eau tiède

450 g/1 lb/4 tasses de farine de blé entier

5 ml/1 cuillère à café de sel

5 ml/1 cuillère à soupe d'extrait de malt

30 ml/2 cuillères à soupe de blé concassé

Mélangez la levure avec le sucre et un peu d'eau tiède et laissez-la dans un endroit chaud jusqu'à ce qu'elle mousse. Mélanger la farine et le sel, puis incorporer le mélange de levure, le reste d'eau tiède et l'extrait de malt. Pétrir sur une surface légèrement farinée jusqu'à consistance lisse et élastique. Placer dans un bol huilé, couvrir d'un film alimentaire huilé (pellicule plastique) et laisser dans un endroit chaud pendant environ 1 heure pour doubler de volume.

Pétrissez légèrement, puis formez des rouleaux et placez-les sur une plaque à pâtisserie graissée (biscuits). Couvrir d'eau et saupoudrer de blé concassé. Couvrir d'un film alimentaire huilé et laisser reposer dans un endroit chaud environ 40 minutes pour doubler de volume.

Cuire dans un four préchauffé à 220°C/425°F/thermostat 7 pendant 10-15 minutes jusqu'à ce qu'il sonne creux lorsque l'on tape sur le fond.

# *Pain de mie aux noisettes*

Donne un pain de 900 g/2 lb

15 g/½ oz de levure fraîche ou 20 ml/4 càc de levure sèche

5 ml/1 cuillère à café de cassonade douce

450 ml/¾ pt/2 tasses d'eau tiède

450 g/1 lb/4 tasses de farine de blé entier

175 g/6 oz/1½ tasse de farine tout usage (pour le pain).

5 ml/1 cuillère à café de sel

15 ml/1 cuillère à soupe d'huile d'olive

100 g/4 oz/1 tasse de noisettes, hachées grossièrement

Mélangez la levure avec le sucre et un peu d'eau tiède et laissez-la dans un endroit chaud pendant 20 minutes pour faire mousser. Mélanger la farine et le sel dans un bol, ajouter la levure, l'huile et le reste d'eau tiède et mélanger une pâte ferme. Pétrissez jusqu'à consistance lisse et ne colle plus. Placer dans un bol huilé, couvrir d'un film alimentaire huilé (pellicule plastique) et laisser dans un endroit chaud pendant environ 1 heure pour doubler de volume.

Pétrir légèrement à nouveau et incorporer les noix, puis façonner dans un moule à pain graissé de 900 g/2 lb (plaque à pâtisserie), couvrir d'un film alimentaire huilé et laisser dans un endroit chaud pendant 30 minutes pour permettre à la pâte de monter au-dessus du haut du moule.

Cuire dans un four préchauffé à 220°C/425°F/thermostat 7 pendant 30 minutes, jusqu'à ce qu'ils soient dorés et creux lorsqu'on tapote sur le fond.

# *Gressins*

Faire 12

25 g/1 oz de levure fraîche ou 40 ml/2½ cuillères à soupe de levure sèche

15 ml/1 cuillère à soupe de sucre (surfin).

120 ml/4 fl oz/½ tasse de lait chaud

25 g/1 oz/2 cuillères à soupe de beurre ou de margarine

450 g/1 lb/4 tasses de farine ordinaire forte (pour le pain).

10 ml/2 cuillères à café de sel

Mélangez la levure avec 5 ml/1 cuillère à café de sucre et un peu de lait tiède et laissez dans un endroit chaud pendant 20 minutes pour faire mousser. Dissoudre le beurre et le sucre restant dans le lait tiède restant. Mettez la farine et le sel dans un saladier et creusez un puits au milieu. Versez le mélange de levure et de lait et mélangez pour obtenir une pâte humide. Pétrir jusqu'à consistance lisse. Placer dans un bol huilé, couvrir d'un film alimentaire huilé (pellicule plastique) et laisser dans un endroit chaud pendant environ 1 heure pour doubler de volume.

Pétrissez légèrement, puis divisez en 12 et roulez en bâtonnets longs et fins, qui sont placés bien espacés sur une plaque à pâtisserie graissée (biscuits). Couvrir d'un papier alimentaire huilé et laisser lever dans un endroit chaud pendant 20 minutes.

Badigeonnez les gressins d'eau, puis faites cuire dans un four préchauffé à 220°C/425°F/thermostat 7 pendant 10 minutes, puis baissez la température du four à 180°C/350°F/thermostat 4 et faites cuire pendant un moment . encore 20 minutes jusqu'à ce qu'ils soient croustillants.

# *Tresse de récolte*

Donne un pain de 550 g/1¼ lb

25 g/1 oz de levure fraîche ou 40 ml/2½ cuillères à soupe de levure sèche

25 g/1 oz/2 cuillères à soupe de sucre en poudre (superfin)

150 ml/¼ pt/2/3 tasse de lait chaud

50 g/2 oz/¼ tasse de beurre ou de margarine, fondu

1 oeuf, battu

450 g/1 lb/4 tasses de farine ordinaire (tout usage)

Pincée de sel

30 ml/2 cuillères à soupe de groseilles

2,5 ml/½ cuillère à café de cannelle moulue

5 ml/1 cuillère à café de zeste de citron râpé

Glaçage lait

Mélangez la levure avec 2,5 ml/½ cuillère à café de sucre et un peu de lait tiède et laissez dans un endroit chaud environ 20 minutes pour faire mousser. Mélanger le lait restant avec du beurre ou de la margarine et laisser refroidir légèrement. Incorporer l'œuf. Mettre le reste des ingrédients dans un bol et faire un puits au milieu. Incorporer le mélange de lait et de levure et mélanger en une pâte molle. Pétrir jusqu'à ce qu'il soit élastique et non collant. Placer dans un bol huilé et couvrir d'un film alimentaire huilé (pellicule plastique). Laisser dans un endroit chaud jusqu'à ce qu'elle double de volume, environ 1 heure.

Diviser la pâte en trois et rouler en bandes. Mouillez une extrémité de chaque bande et collez les extrémités ensemble, puis tressez-les ensemble et mouillez et fixez les autres extrémités. Déposer sur une plaque à pâtisserie graissée (biscuits), recouvrir de papier d'aluminium huilé et laisser au chaud pendant 15 minutes.

Badigeonnez d'un peu de lait et faites cuire dans un four préchauffé à 220°C/425°F/thermostat 7 pendant 15-20 minutes, jusqu'à ce qu'ils soient dorés et creux lorsque vous tapotez dessus.

# *Pain au lait*

Donne deux pains de 450 g/1 lb

15 g/½ oz de levure fraîche ou 20 ml/4 càc de levure sèche

5 ml/1 cuillère à café de sucre en poudre (superfin)

450 ml/¾ pt/2 tasses de lait chaud

50 g/2 oz/¼ tasse de beurre ou de margarine

675 g/1½ lb/6 tasses de farine ordinaire (tout usage)

Pincée de sel

Glaçage lait

Mélanger la levure avec le sucre et un peu de lait chaud. Laisser reposer dans un endroit chaud pendant environ 20 minutes jusqu'à consistance mousseuse. Frottez le beurre ou la margarine dans la farine et le sel et faites un puits au milieu. Incorporer le reste de lait chaud et la levure et pétrir une pâte molle mais non collante. Placer dans un bol huilé et couvrir d'un film alimentaire huilé (pellicule plastique). Laisser dans un endroit chaud jusqu'à ce qu'elle double de volume, environ 1 heure.

Pétrir légèrement à nouveau, puis répartir le mélange dans deux moules à pain graissés de 450 g/1 lb, couvrir d'un film alimentaire huilé et laisser lever pendant environ 15 minutes jusqu'à ce que la pâte soit juste au-dessus du dessus des moules.

Badigeonnez d'un peu de lait, puis faites cuire dans un four préchauffé à 200°C/400°F/thermostat 6 pendant 30 minutes, jusqu'à ce qu'ils soient dorés et creux lorsque vous tapotez dessus.

# *Pain aux fruits au lait*

Donne deux pains de 450 g/1 lb

15 g/½ oz de levure fraîche ou 20 ml/4 càc de levure sèche

5 ml/1 cuillère à café de sucre en poudre (superfin)

450 ml/¾ pt/2 tasses de lait chaud

50 g/2 oz/¼ tasse de beurre ou de margarine

675 g/1½ lb/6 tasses de farine ordinaire (tout usage)

Pincée de sel

100 g/4 oz/2/3 tasse de raisins secs

Glaçage lait

Mélanger la levure avec le sucre et un peu de lait chaud. Laisser reposer dans un endroit chaud pendant environ 20 minutes jusqu'à consistance mousseuse. Frottez le beurre ou la margarine dans la farine et le sel, mélangez les raisins secs et faites un puits au milieu. Incorporer le reste de lait chaud et la levure et pétrir une pâte molle mais non collante. Placer dans un bol huilé et couvrir d'un film alimentaire huilé (pellicule plastique). Laisser dans un endroit chaud jusqu'à ce qu'elle double de volume, environ 1 heure.

Pétrir légèrement à nouveau, puis répartir le mélange dans deux moules à pain graissés de 450 g/1 lb, couvrir d'un film alimentaire huilé et laisser lever pendant environ 15 minutes jusqu'à ce que la pâte soit juste au-dessus du dessus des moules.

Badigeonnez d'un peu de lait, puis faites cuire dans un four préchauffé à 200°C/400°F/thermostat 6 pendant 30 minutes, jusqu'à ce qu'ils soient dorés et creux lorsque vous tapotez dessus.

# *Pain du matin*

Donne deux pains de 450 g/1 lb

100 g/4 oz/1 tasse de grains de blé entier

15 ml/1 cuillère à soupe d'extrait de malt

450 ml/¾ pt/2 tasses d'eau tiède

25 g/1 oz de levure fraîche ou 40 ml/2½ cuillères à soupe de levure sèche

30 ml/2 cuillères à soupe de miel pur

25 g/1 oz/2 cuillères à soupe de shortening végétal (gras)

675 g/1½ lb/6 tasses de farine de blé entier (blé entier)

25 g/1 oz/¼ tasse de lait en poudre (lait écrémé en poudre)

5 ml/1 cuillère à café de sel

Faire tremper les grains de blé entier et l'extrait de malt dans de l'eau tiède pendant la nuit.

Mélanger la levure avec un peu d'eau tiède et 5 ml/1 cuillère à café de miel. Laisser dans un endroit chaud pendant environ 20 minutes jusqu'à ce qu'il soit mousseux. Frottez la graisse dans la farine, le lait en poudre et le sel et faites un puits au milieu. Incorporer le mélange de levure, le miel restant et le mélange de blé et mélanger à la pâte. Bien pétrir jusqu'à consistance lisse et non collante. Placer dans un bol huilé, couvrir d'un film alimentaire huilé (pellicule plastique) et laisser dans un endroit chaud pendant environ 1 heure pour doubler de volume.

Pétrir à nouveau la pâte, puis façonner en deux moules à pain graissés de 450 g/1 lb. Couvrir d'un papier alimentaire huilé et laisser reposer 40 minutes dans un endroit tiède, de façon à ce que la pâte arrive juste au-dessus du dessus des moules.

Cuire dans un four préchauffé à 200°C/425°F/thermostat 7 pendant environ 25 minutes, jusqu'à ce qu'ils aient levé et sonnent creux lorsqu'on les tape sur le fond.

# *Pain aux muffins*

Donne deux pains de 900 g/2 lb

300g/10oz/2½ tasses de farine complète (complète)

300g/10oz/2½ tasses de farine ordinaire (tout usage)

40 ml / 2½ cuillères à soupe de levure sèche

15 ml/1 cuillère à soupe de sucre (surfin).

10 ml/2 cuillères à café de sel

500 ml/17 fl oz/2¼ tasses de lait tiède

2,5 ml/½ cuillère à café de bicarbonate de soude (bicarbonate de soude)

15 ml/1 cuillère à soupe d'eau tiède

Mélanger les farines ensemble. Mesurer 350 g/12 oz/3 tasses de farine tout usage dans un bol et incorporer la levure, le sucre et le sel. Incorporer le lait et battre en un mélange ferme. Mélanger le bicarbonate de soude et l'eau et mélanger à la pâte avec le reste de la farine. Répartir le mélange dans deux moules à pain graissés de 900 g/2 lb, couvrir et laisser lever pendant environ 1 heure jusqu'à ce qu'il double de volume.

Cuire au four préchauffé à 190°C/375°F/thermostat 5 pendant 1h15, jusqu'à ce qu'ils soient bien gonflés et dorés.

# *Pain sans lever*

Donne un pain de 900 g/2 lb

450 g/1 lb/4 tasses de farine de blé entier (blé entier)

175 g/6 oz/1½ tasse de farine auto-levante (auto-levante)

5 ml/1 cuillère à café de sel

30 ml/2 cuillères à soupe de sucre en poudre (superfin)

450 ml/¾ pt/2 tasses de lait

20 ml/4 cuillères à café de vinaigre

30 ml/2 cuillères à soupe d'huile

5 ml/1 cuillère à café de bicarbonate de soude (bicarbonate de soude)

Mélanger la farine, le sel et le sucre et faire un puits au milieu. Battre le lait, le vinaigre, l'huile et le bicarbonate de soude, ajouter aux ingrédients secs et mélanger en une pâte lisse. Former dans un moule graissé de 900 g/2 lb (moule à pâtisserie) et cuire dans un four préchauffé à 180°C/350°F/thermostat 4 pendant 1 heure, jusqu'à ce qu'il soit doré et creux lorsque vous tapotez sur le fond.

# *pâte à pizza*

Suffisant pour deux pizzas de 23 cm/9

15 g/½ oz de levure fraîche ou 20 ml/4 càc de levure sèche

Une pincée de sucre

250 ml/8 fl oz/1 tasse d'eau tiède

350 g/12 oz/3 tasses de farine ordinaire (tout usage)

Pincée de sel

30 ml/2 cuillères à soupe d'huile d'olive

Mélangez la levure avec le sucre et un peu d'eau tiède et laissez-la dans un endroit chaud pendant 20 minutes pour faire mousser. Mélanger la farine avec le sel et l'huile d'olive et pétrir jusqu'à ce qu'elle soit lisse et ne colle plus. Placer dans un bol huilé, couvrir d'un film alimentaire huilé (pellicule plastique) et laisser dans un endroit chaud pendant 1 heure pour doubler de volume. Pétrissez à nouveau et façonnez comme vous le souhaitez.

# Gruau

Donne un pain de 450g/1lb

25 g/1 oz de levure fraîche ou 40 ml/2½ cuillères à soupe de levure sèche

5 ml/1 cuillère à café de sucre en poudre (superfin)

150 ml/¼ pt/2/3 tasse de lait tiède

150 ml/¼ pt/2/3 tasse d'eau tiède

400 g/14 oz/3½ tasses de farine ordinaire forte (pour le pain).

5 ml/1 cuillère à café de sel

25 g/1 oz/2 cuillères à soupe de beurre ou de margarine

100 g/4 oz/1 tasse de flocons d'avoine moyens

Mélanger la levure et le sucre avec le lait et l'eau et laisser dans un endroit chaud jusqu'à ce qu'ils moussent. Mélanger la farine et le sel, puis incorporer le beurre ou la margarine et incorporer les flocons d'avoine. Faire un puits au milieu, y verser la levure et mélanger la pâte molle. Démoulez sur une surface farinée et pétrissez pendant 10 minutes jusqu'à ce qu'il devienne lisse et élastique. Placer dans un bol huilé, couvrir d'un film alimentaire huilé (film plastique) et laisser lever dans un endroit chaud pendant environ 1 heure jusqu'à ce qu'il double de volume.

Nous pétrissons à nouveau la pâte, puis formons le pain de votre choix. Déposer sur une plaque graissée (biscuits), badigeonner d'un peu d'eau, recouvrir de papier alimentaire huilé et laisser au chaud environ 40 minutes pour doubler de volume.

Cuire dans un four préchauffé à 230°C/450°F/thermostat 8 pendant 25 minutes, jusqu'à ce qu'ils soient bien gonflés et dorés et creux lorsqu'on tapote sur le fond.

# *Farine d'avoine*

Faire 4

25 g/1 oz de levure fraîche ou 40 ml/2½ cuillères à soupe de levure sèche

5 ml/1 cuillère à café de miel

300 ml/½ pt/1¼ tasse d'eau tiède

450 g/1 lb/4 tasses de farine ordinaire forte (pour le pain).

50 g/2 oz/½ tasse de flocons d'avoine moyens

2,5 ml/½ cuillère à café de levure chimique

Pincée de sel

25 g/1 oz/2 cuillères à soupe de beurre ou de margarine

Mélangez la levure avec du miel et un peu d'eau tiède et laissez-la dans un endroit chaud pendant 20 minutes pour faire mousser.

Mélanger la farine, les flocons d'avoine, la poudre à pâte et le sel et frotter avec du beurre ou de la margarine. Incorporer la levure et l'eau tiède restante et mélanger une pâte moyennement molle. Pétrir jusqu'à ce qu'il soit élastique et non collant. Placer dans un bol huilé, couvrir d'un film alimentaire huilé (pellicule plastique) et laisser dans un endroit chaud pendant environ 1 heure pour doubler de volume.

Pétrir à nouveau légèrement et former un cercle d'environ 3 cm/1¼ d'épaisseur. Coupez-les en quartiers et placez-les légèrement écartés, mais toujours dans leur forme ronde d'origine, sur une plaque à pâtisserie graissée (biscuits). Couvrir d'un film alimentaire huilé et laisser lever environ 30 minutes jusqu'à ce qu'elle double de volume.

Cuire dans un four préchauffé à 200°C/400°F/thermostat 6 pendant 30 minutes, jusqu'à ce qu'ils soient dorés et creux lorsqu'on tapote sur le fond.

# *Pain pita*

Faire 6

15 g/½ oz de levure fraîche ou 20 ml/4 càc de levure sèche

5 ml/1 cuillère à café de sucre en poudre (superfin)

300 ml/½ pt/1¼ tasse d'eau tiède

450 g/1 lb/4 tasses de farine ordinaire forte (pour le pain).

5 ml/1 cuillère à café de sel

Mélangez la levure, le sucre et un peu d'eau tiède et laissez dans un endroit chaud pendant 20 minutes pour faire mousser. Mélanger le mélange de levure et l'eau tiède restante dans la farine et le sel et mélanger en une pâte ferme. Pétrir jusqu'à consistance lisse et élastique. Placer dans un bol huilé, couvrir d'un film alimentaire huilé (pellicule plastique) et laisser dans un endroit chaud pendant environ 1 heure pour doubler de volume.

Pétrir à nouveau et diviser en six morceaux. Rouler en ovales d'environ ¼/5 mm d'épaisseur et déposer sur une plaque à biscuits graissée. Couvrir d'un film alimentaire huilé et laisser lever pendant 40 minutes jusqu'à ce qu'elle double de volume.

Cuire au four préchauffé à 230°C/450°F/thermostat 8 pendant 10 minutes jusqu'à ce qu'ils soient légèrement dorés.

# *Pain brun rapide*

Donne deux pains de 450 g/1 lb

15 g/½ oz de levure fraîche ou 20 ml/4 càc de levure sèche

300 ml/½ pt/1¼ tasses de lait chaud et d'eau mélangés

15 ml/1 cuillère à soupe de mélasse verte

225 g/8 oz/2 tasses de farine de blé entier (blé entier)

225 g/8 oz/2 tasses de farine ordinaire (tout usage)

10 ml/2 cuillères à café de sel

25 g/1 oz/2 cuillères à soupe de beurre ou de margarine

15 ml/1 cuillère à soupe de blé concassé

Mélangez la levure avec un peu de lait tiède, de l'eau et de la mélasse et laissez-la dans un endroit chaud jusqu'à ce qu'elle mousse. Mélanger la farine et le sel et frotter avec du beurre ou de la margarine. Faire un puits au milieu et y verser le mélange de levure et mélanger en une pâte ferme. Retourner sur une surface farinée et pétrir pendant 10 minutes jusqu'à consistance lisse et élastique, ou passer au robot culinaire. Façonner en deux pains et les placer dans des moules à pain graissés et doublés de 450 g/1 lb. Badigeonner le dessus d'eau et saupoudrer de céréales concassées. Couvrir d'un film alimentaire huilé (pellicule plastique) et laisser dans un endroit chaud jusqu'à ce qu'elle double de volume, environ 1 heure.

Cuire dans un four préchauffé à 240°C/475°F/thermostat 8 pendant 40 minutes, jusqu'à ce que les pains sonnent creux lorsqu'on les tape sur le fond.

# *Pain de riz moelleux*

Donne un pain de 900 g/2 lb

75 g/3 oz/1/3 tasse de riz à grains longs

15 g/½ oz de levure fraîche ou 20 ml/4 càc de levure sèche

Une pincée de sucre

250 ml/8 fl oz/1 tasse d'eau tiède

550 g/1¼ lb/5 tasses de farine forte (pain)

2,5 ml/½ cuillère à café de sel

Mesurez le riz dans une tasse, puis versez-le dans la casserole. Verser trois fois la quantité d'eau froide, porter à ébullition, couvrir et laisser bouillir environ 20 minutes jusqu'à ce que l'eau soit absorbée. Pendant ce temps, mélangez la levure avec le sucre et un peu d'eau tiède et laissez-la dans un endroit chaud pendant 20 minutes pour faire mousser.

Mettez la farine et le sel dans un saladier et creusez un puits au milieu. Incorporer le mélange de levure et le riz chaud et mélanger en une pâte molle. Placer dans un bol huilé, couvrir d'un film alimentaire huilé (pellicule plastique) et laisser dans un endroit chaud pendant environ 1 heure pour doubler de volume.

Pétrir légèrement, en ajoutant un peu de farine si la pâte est trop molle pour être travaillée, et façonner dans un moule beurré de 900g/2lb (boulangerie). Couvrir d'un papier alimentaire huilé et laisser dans un endroit chaud pendant 30 minutes, afin que la pâte lève au-dessus du dessus du moule.

Cuire dans un four préchauffé à 230°C/450°F/thermostat 8 pendant 10 minutes, puis réduire la température du four à 200°C/400°F/thermostat 6 et cuire encore 25 minutes, jusqu'à ce qu'ils soient dorés et creux. - son lors de la frappe de la base.

# *Pain de riz et amandes*

Donne un pain de 900 g/2 lb

175 g/6 oz/¾ tasse de beurre ou de margarine, ramolli

175g/6oz/¾ tasse de sucre (superfin)

3 oeufs, légèrement battus

100 g/4 oz/1 tasse de farine forte (pain)

5 ml/1 cuillère à café de levure chimique

Pincée de sel

100 g/4 oz/1 tasse de riz usiné

50 g/2 oz/½ tasse d'amandes moulues

15 ml/1 cuillère à soupe d'eau tiède

Crémer ensemble le beurre ou la margarine et le sucre jusqu'à consistance légère et mousseuse. Battez les œufs petit à petit, puis ajoutez les ingrédients secs et l'eau pour obtenir une pâte lisse. Former dans un moule à pain graissé de 900 g/2 lb (plaque de cuisson) et cuire dans un four préchauffé à 180°C/350°F/thermostat 4 pendant 1 heure, jusqu'à ce qu'il soit doré et creux lorsqu'on tapote sur le fond.

www.ingramcontent.com/pod-product-compliance
Lightning Source LLC
Chambersburg PA
CBHW070411120526
44590CB00014B/1354